5S

zur Arbeitsplatz-gestaltung

Mit der 5S-Methode den Arbeitsplatz und unternehmensinterne Prozesse optimieren

– das Büro und die Organisation auf Vordermann bringen

Maximilian Tündermann

Inhaltsverzeichnis

1. Einführung

Seit die Japanerin Marie Condo auf Netflix den Menschen das Aufräumen erklärt, ist eine wahre Aufräum-Welle über Haushalte, aber auch Firmen hereingebrochen. Überall wird nachgeschaut, was man noch braucht und manche Firmen bestellen schon einmal vorsorglich einen Container für den ganzen Ballast, den sie über die Jahre angesammelt haben. In Haushalten streiten sich Paare derweil erbittert über das Glas mit Sand aus dem ersten Australien-Urlaub: Erfüllt es beide immer noch mit Freude oder kann es in den Müll?

Marie Condo hatte ihre ersten Erfolge in Tokyo und entwickelte ihre Aufräum-Magie aus bestehenden Methoden der japanischen Autoproduktion, der japanischen Lebensweise auf engem Raum und ein wenig esoterischem Beiwerk. Tatsächlich hat ihr Anliegen aber auch einen wichtigen Aspekt für Unternehmen: Wo sind Verbesserungspotenziale vorhanden, die man auf der Managementebene nicht sieht, sondern nur, wenn man buchstäblich alles einmal in die Hand nimmt?

Je länger eine Organisation besteht, umso mehr unnützes Zeug sammelt sich an. Du wirst in jeder Firma einen Abstellraum finden, in dem seit Jahren Dinge herumliegen, die keiner mehr braucht. Und in anderen Bereichen wird Material verschwendet, weil sich keiner wirklich Gedanken um die Kosten macht. Prozesse, die über die Zeit verschwimmen und nicht mehr den Regeln folgend durchgeführt werden, können Abteilungen und Firmen unnötig belasten.

5S ist eine Methode, um in einem Unternehmen auf unterster Ebene Ordnung herzustellen und Verschwendung zu vermeiden, gleichzeitig aber auch um das Bewusstsein zu fördern, wie wichtig es ist, zu sparen und ordentlich zu sein.

Die S stehen für die japanischen Begriffe **seiri, seiton, seisō, seiketsu und shitsuke**. Ins Englische übersetzt bedeuten sie "Sort, Set in Order, Shine, Standardize, Sustain", im Deutschen wird oft **"Sortiere aus"**, **"Stelle ordentlich hin"**, **"Säubere"**, **"Standardisiere"** und **"Selbstdisziplin"** verwendet.

Die 5S Methode ist aber auch außerhalb von Fabriken immer populärer geworden, weil sie jedem Unternehmen sichtbare Vorteile bringen kann:

- Wo Veränderungen sichtbar sind, können neue Ideen entstehen.

- Aufgeräumte Arbeitsplätze motivieren Mitarbeiter.

- Prozesse laufen geschmeidiger.

- Ergebnisse sind intern und extern sichtbar.

- Selbstdisziplin wird gefördert.

- Mitarbeiter sind stolz auf ihre Arbeitsplätze.

- Das Image des Unternehmens verbessert sich nachhaltig.

Ein kleines Beispiel, wie 5S im Detail funktioniert, ist ein Vortrag bei TED,[1] mithilfe dessen ein Unternehmen über die Jahre eine Menge Geld beim Verbrauch von Papierhandtüchern sparen kann. In dem Kurzvideo erklärt Joe

---

[1] Smith, J. (2012): Vortrag bei TEDx über das Benutzen von Papierhandtüchern. URL:
https://www.ted.com/talks/joe_smith_how_to_use_a_paper_tow el [Stand: 13-02-2019]

Smith, wie man nur ein einziges Handtuch abreißen muss und sich trotzdem die Hände trocknen kann. Das ist nicht nur gut für die Umwelt, sondern kann – vorausgesetzt jeder nimmt mindestens zwei Handtücher – den Verbrauch von Papierhandtüchern um die Hälfte verringern.

Du wirst aber auch feststellen, dass die besten Ideen zur Einsparung und Ordnung nichts helfen, wenn sie nicht auch nachhaltig eingeführt werden. Deshalb wirst Du in diesem Buch eine Fülle an Anwendungsbeispielen finden, wie 5S in unterschiedlichen Branchen eingeführt wurde – von Maschinenbau bis Krankenhaus und Verwaltung.

2. Was ist 5S?

Wer sich mit neuen Produktionsmethoden wie Lean Manufacturing, aber auch Agile Development in der Softwareentwicklung oder Kaizen in der Unternehmensphilosophie beschäftigt, wird bald auch auf 5S stoßen.

Die Methode stammt aus der japanischen Autoproduktion und ist eng verbunden mit dem Lean Manufacturing. Hintergrund war zum einen, Verschwendung zu vermeiden (ein wesentlicher Punkt bei Lean), aber auch den Arbeitsplatz an sich zu verbessern und auch sicherer zu gestalten. Die Autobauer wollten sicherstellen, dass jeder Arbeitsplatz ordentlich war, dass alle Werkzeuge da waren, wo sie hingehören und überflüssige Handgriffe vermieden werden. Damit sollten Störungen im Arbeitsablauf verringert werden, aber auch Unfälle und Materialverschwendung sowie Unordnung reduziert werden.

In den vergangenen Jahren haben Unternehmen 5S auch für den Büroarbeitsplatz entdeckt und es wird heute in Dienstleistungsbetrieben und in der Verwaltung eingesetzt. Auch wenn bei 5S immer vom Arbeitsplatz gesprochen wird, bezieht sich das nicht mehr allein auf einen Schreibtisch oder Arbeitsstationen in einer Werkstatt.

Ganz neu ist gerade in Handwerksbetrieben das System nicht: Ein guter Klempner hat schon immer seine Werkzeuge so in seinen Werkzeugkasten gelegt, dass er wusste, welches Werkzeug wo ist. Ein guter Automechaniker hat die Schraubenschlüssel an der Wand nach Größe aufgereiht. Ein Schreiner hatte die Feilen und Hobel immer an der gleichen Stelle. Dennoch geht 5S weiter: es lässt nämlich keine Improvisation oder Individualisierung zu. Das bedeutet zum Beispiel, dass zwei Automechaniker identische Arbeitsplätze haben müssen. Der Satz "Ich schaffe mir meine eigene Ordnung" gilt bei 5S nicht.

In einem Büro sind Regeln, die besagen, wie der Arbeitsplatz gestaltet sein soll, heute eher selten. Vieles wird von den Vorgängern übernommen. Der klassische Schreibtisch hat einen Computerbildschirm, eine Tastatur, ein Telefon, Ein- und Ausgangskörbchen und einen Halter für Stifte. Was wo steht, ist meist dem Mitarbeiter überlassen. Ordnung ist gerade in Büros tradiert und auf Erfahrungen basiert, die man vorher gemacht hat. Nur in seltenen Fällen gibt es konkrete Anweisungen für die Gestaltung des Arbeitsplatzes.
Mit dem Aufkommen des Großraumbüros und der amerikanischen "Cubicle", den abgetrennten Boxen, wurde die Individualisierung sogar noch gefördert: Jeder wollte

seinen zwei Quadratmetern ein wenig persönliches Flair mit Bildern oder Pflanzen verleihen.

Tatsächlich beschäftigt sich 5S zumindest in der Verwaltung nicht so sehr damit, ob und wo eine Blume steht. Vielmehr geht es um Bereiche, die von allen genutzt werden und in denen Verschwendung in einem solchen Ausmaß entstehen kann, dass es kostenrelevant wird.

Es geht aber auch darum, die Wertschöpfung nachhaltig zu verbessern, und zwar in allen Bereichen. Deswegen hat 5S auch den Anspruch, Unordnung und Verschwendung auf null zu reduzieren. Der Grund?

- keine Defekte bedeutet höhere Qualität.

- keine Verschwendung bedeutet geringere Kosten.

- keine Verzögerung bedeutet bessere Auslieferung.

- keine Verletzten bedeutet gesündere Mitarbeiter.

- keine Ausfälle bedeutet bessere Produktivität.

Gründe 5S einzuführen

Kosten sparen

Die Universität von Georgia hatte bereits 2009 ein Lean-Programm ins Leben gerufen. Dabei wurde auch 5S eingeführt. Man konnte den Weg, der für den Transport von Akten und anderem Büromaterial zurückgelegt wurde, um 83 Prozent reduzieren, was zwischen 7.000 und 10.000 US-Dollar an Kosten pro Jahr einsparte.[2]

In einer anderen Studie untersuchte man die Auswirkungen in einer Fabrik namens V.N. Auto Ltd. in den USA. Die Studie sollte herausfinden, ob man wirklich 30 Prozent der Lagerfläche erweitern kann, indem man einfach mehr Ordnung schafft, ohne aber Abstriche bei bestehenden Prozessen machen zu müssen. 5S sollte außerdem etwa 10 Prozent Zeit einsparen und neue Prozesse ins Leben rufen, vor allem was das Lager anging. Ein Ergebnis war, dass allein 300 Kilogramm Müll aus dem Gebäude der Firma geholt wurden. Außerdem gab es wesentliche Verbesserungen, was die Sicherheit der Mitarbeiter betraf. Weil nun alles viel ordentlicher und damit auch professi-

---

[2] Wastradowski, M.: What Is the 5S System? URL: https://www.graphicproducts.com/articles/what-is-5s/ [Stand: 02-03-2019]

oneller aussah, waren Kunden begeistert – man fand sogar mehr Kunden. Weiterhin wurden Maschinen-Wartungskosten eingespart.[3]

Sicherheit erhöhen

Die Firma Waterfax produzierte Geräte für die Feuer-wehr, vor allem spezielle Pumpen für Feuerwehrleute, die Buschfeuer und Waldbrände löschen. Diese Geräte und das Zubehör müssen höchsten Ansprüchen genügen, aber auch ebenso leicht handhabbar und transportabel sein. Im Jahr 2012 musste die Firma in ein neues Gebäu-de in Montreal umziehen und nahm das zum Anlass, um gleich auch die Werkbereiche neu zu planen. Man hatte sich zuvor bereits mit Lean beschäftigt, wollte nun aber noch mehr ins Detail gehen und die einzelnen Arbeits-plätze verbessern. Es galt, den Ablauf zu optimieren, aber auch die Werkbänke und andere Geräte zu verbessern.

<hr>

[3] Agrahari, R. S.; Dangle, P. A.; Chandratre, K. V. (2015): Implemen-tation Of 5S Methodology In The Small Scale Industry: A Case Study, in: INTERNATIONAL JOURNAL OF SCIENTIFIC & TECHNOLO-GY RESEARCH VOLUME 4, ISSUE 04, APRIL 2015

Zur Hilfe kam eine Firma namens Flexipipe,[4] deren Rohre und Steckverbindungen es möglich machen, Arbeitsplätze an die Anforderungen der Mitarbeiter anzupassen und ganze Regale und Rollwagen zu bauen. Im Prozess durften die Mitarbeiter selbst bestimmen, welche Höhen und Tiefen sie brauchen, damit alles mit einem Handgriff erreichbar war. Zuvor war zum Beispiel eine Teststation zu niedrig gewesen, was auch zu Verletzungen von Mitarbeitern geführt hatte. Nun konnten die Höhen angepasst werden – so wurden mit 5S viele ergonomische Arbeitsplätze geschaffen, was zu mehr Effektivität und geringerem Krankenstand führte.

Effizienz verbessern

Eine Studie im Journal for Healthcare Quality[5] hat gezeigt, dass 5S die Sicherheit in Krankenhäusern erhöhen kann,

---

[4] Boquien, R.: HOW THE INTEGRATION OF 5S IMPROVED PRODUCTION ORGANIZATION AT WATERTAX. URL:
https://www.flexpipeinc.com/us_en/case_study/5s-improved-production-organization-waterax/ [Stand: 15-02-2019]

[5] Bavare, A. C.; Shah, P. K.; Roy, K. M.; Williams, E. A.; Lloyd, L. E.; McPherson, M. L. (2015): Implantation of a Standard Verbal Sign-Out Template Improves Sign-Out Process in a Pediatric Intensive Care Unit, in: The Journal for Healthcare Quality (JHQ), Volume 37, Issue 5, September/October 2015

die Effizienz steigern und die Kosten reduzieren. Man
konnte mit 5S die Zeit, die man brauchte, um einen Patienten zu registrieren, um 37 Prozent reduzieren, und bei
einigen Operationen die Zahl der Instrumente um bis zu
70 Prozent verringern. Insgesamt konnten über 2.8 Millionen Dollar eingespart werden.

Besseren Service bieten

Die Organisation LIPOR wurde 1982 als Gemeindeverband für acht Gemeinden (Espinho, Gondomar, Maia,
Matosinhos, Porto, Póvoa de Varzim, Valongo und Vila do
Conde) gegründet und hat eine integrierte Abfallbewirtschaftung, die Müll verwertete, Programme zur Vermeidung entwickelte und Infrastrukturen und organisierte
Kampagnen für die Bevölkerung, die auf fast 1 Million
geschätzt wurde, aufbaute.

2010 hat der Verwaltungsrat eine neue Organisationsstruktur genehmigt, die das Geschäft auf fünf verschiedene Abteilungen verteilte. Das war eine große Herausforderung für die bestehenden Teams. Man nutzte diese
Gelegenheit, um auch kulturelle Veränderungen bei den
Teams einzuführen. Man entschied sich für einen Lean-

Office-Ansatz als Werkzeug,[6] um eine bessere Leistung und eine effektivere Wirkung zu erzielen. Ein Teil war die Implementierung von 5S in der Verwaltung: Man stellte bald fest, dass wichtiger als das Anwenden von 5S die Disziplin und Willenskraft waren, um das Erreichte beizubehalten und fortführen zu können.

So wurde das Ablagesystem neu organisiert und man entledigte sich vieler alter und nicht mehr notwendiger Dokumente. Im Lager musste man erst einmal die verschiedenen Stapel an Briefpapier mit unterschiedlichen Briefköpfen sortieren. Auch die Akten mussten komplett neu geordnet werden. Neu war auch, dass es jetzt in jedem Gebäude einen Lagerraum gab, der das gleiche Layout und die gleiche Ordnung wie die anderen hatte. Das wiederum schuf mehr Platz in den Lagern, aber auch ein schnelleres Auffinden von Dokumenten und Material. Schließlich konnte man auch feststellen, dass die Mitarbeiter motivierter waren und nach der Pilotphase auch begannen, andere Mitarbeiter für das 5S-System zu begeistern.

---

[6] Monteiro, M. F. J. R.; Pacheco, C. C. L.; Dinis-Carvalho, J.; Paiva, F. C. (2015): Implementing Lean Office - A Successful Case in Public Sector

Wie so etwas messbar sein kann, zeigt die Tabelle, die die Bearbeitungszeiten vorher und nachher darstellt.

Prozess	Vor Lean Office (Juni 2010)	Nach Lean Office (Dez. 2010)	Heute (Stand: 2015)
Management Reporting	3 Tage	2 Tage	2 Tage
Monatliche Kontenschließung	8 Tage	6 Tage	4,5 Tage
Auszahlungen	10 Tage	5 Tage	5 Tage
Bezahlung von Lieferanten	9 Tage	3,5 Tage	1,5 Tage

Tabelle 1: Verbesserungen in den Bearbeitungszeiten diverser Prozesse vor und nach lean[7]

Vorbereitung für Lean-Projekte

Manchmal kann 5S auch eine Art Sandkasten für größere Lean-Projekte sein. Die Firma Axis Electronics Lt. wollte Lean einführen, hatte aber auch Bedenken, ob das so einfach ginge. Die Berater von Aster Interim Solutions schlugen vor, zunächst mit einem 5S-Projekt anzufangen.

---

[7] Eigene Darstelling in Anlehnung an Monteiro, M. F. J. R.; Pacheco, C. C. L.; Dinis-Carvalho, J.; Paiva, F. C. (2015): Implementing Lean Office - A Successful Case in Public Sector, S. 308

Es war einfacher und schneller zu implementieren und jeder konnte sofort Ergebnisse sehen. Man nahm aber bereits die Projektleiter der Lean-Projekte mit auf diese Reise. Sie konnten so lernen, was die Philosophie hinter 5S, Kaizen und Lean ist. Außerdem wurden sie daran gewöhnt, dass es Ideen sind, die zählen.[8]

---

[8] Aster Interim: The Implementation of 5S. URL: http://www.aster-interim.co.uk/case-studies/implementation-of-5s/ [Stand: 03-02-2019]

Was 5S nicht ist

Viele Modelle und Prozesse, die aus der Produktion kommen, werden in der Dienstleistungs- und Serviceindustrie schnell als Allheilmittel gesehen. Was bei den Autos funktioniert, sollte doch auch bei einer Software-Firma kein Problem sein. Aber ganz so einfach ist es nicht: Der wesentliche Unterschied ist, dass man in der Produktion mit klar definierten Prozessen arbeiten kann, die relativ wenige Störungen und Abweichungen haben. In einer Verwaltung stehen Mitarbeiter jeden Tag vor neuen Problemen, zu denen sie meist kreative Lösungen finden müssen. Dabei kann ihnen 5S nicht helfen. Es ist auch kein Modell, um Organisationen zu führen oder zu strukturieren und es ist ebenfalls kein Prozess, der nachhaltig den Erfolg des Unternehmens bestimmen kann.

Weil 5S sehr auf das Aufräumen und Sortieren fokussiert ist, kannst Du schnell dazu verleitet werden, es dabei auch zu belassen und daraus eine Grundreinigung Deiner Firma zu machen. 5S ist weder der Arbeitsprozess der Putzkolonne noch ein Event: Es ist, wenn es richtig angewendet wird, Teil Deiner Unternehmenskultur.

5S ist auch nicht dafür geeignet, jemandem Schuld zuzuweisen. Es geht nicht darum, wer im Lager etwas falsch hingestellt hat, sondern darum, zu vermeiden, dass es wieder passiert. Auch die Verantwortlichkeiten für bestimmte Bereiche, wenn es um die Selbstdisziplin geht, sind eine gemeinsame Aufgabe. Im Mittelpunkt steht die ständige Verbesserung, nicht Belobigung oder Kritik von Mitarbeitern. Das wird auch nur dann funktionieren, wenn alle an einem Strang ziehen. Solche Methoden können den Mitarbeitern nicht per Befehl von oben übergestülpt werden. Du wirst die Mitarbeiter vielmehr dafür begeistern müssen.

Der saubere Arbeitsplatz soll ihn sicherer, schöner und effektiver machen. Daraus aber in der nächsten Budgetplanung eine Umsatzsteigerung abzuleiten, wäre falsch. Du wirst mit Sicherheit Zeit sparen und manche Abläufe werden je nach Arbeitsplatz optimiert. Es ist aber angebracht, erst einmal die Umsetzung abzuwarten und dann nachzusehen, in welchen Bereichen, welche Einsparungen und Optimierungen erfolgt sind.

Auf keinen Fall sollte 5S ein Feigenblatt sein, um nach außen zu zeigen, dass ihr jetzt ein modernes Unternehmen seid.[9] Solche Versuche gehen schief, weil es sich

---

[9] Nik Abd Rahman, N. Z. (2005): 5S Guidebook - Step by Step Implementation, National Productivity Corporation, Malaysia

zum einen sehr schnell zeigen wird, dass es nur ober-
flächlich implementiert wurde, vor allem aber, weil es
Mitarbeiter demotiviert. 5S und andere Lean Management Methoden als PR-Kampagne zu benutzen wird lang-
fristig das Vertrauen der Mitarbeiter in die Führung verringern und vor allem auch Deine Autorität als Führungskraft untergraben.

5S ist ein Werkzeug, das eingesetzt wird, um auf einer
Detailebene Kosten zu sparen und den Gedanken der
Standardisierung so weit wie möglich umzusetzen und zu
verankern. Gerade bei einem Büroarbeitsplatz wirst Du
schnell an Grenzen stoßen, wenn Du erklären sollst, warum ein Mitarbeiter seine Blume nach links stellen soll. 5S
ist kein Selbstzweck und deshalb solltest Du es auf jeden
Fall Deinen Bedürfnissen und denen Deines Unternehmens entsprechend anpassen und verändern. Ein sauberes, aufgeräumtes und ordentliches Büro ist schön anzu-
sehen und erfreut die Mitarbeiter, aber damit wirst Du
noch keine Umsätze verbessern.

3. Die 5S

1. SORTIERE AUS

Seiri, im Englischen "Sort"

Im ersten Schritt **Seiri** wirst Du die Ärmel hochkrempeln und Dich ans Aufräumen machen. Du musst Dich nicht wie bei Marie Condo von jedem Gegenstand verabschieden, vielmehr geht es darum, zu schauen, was wirklich noch gebraucht wird. Dabei spielen mehrere Faktoren eine Rolle:

- wird dadurch Zeit gespart, wenn man etwas sucht?

- wird man abgelenkt, weil es zu viele Gegenstände gibt?

- kann man schneller eine Bestandsaufnahme machen?

- kann man die Sicherheit verbessern?

- kann man Lagerkosten senken?

- kann man mehr Platz schaffen?

Seiri bezieht sich immer auf einen bestimmten Ort. In einem Büro ist ein gutes Beispiel der Raum, in dem das Büromaterial gelagert ist. Als Erstes wirst Du nachschauen, ob hier Gegenstände sind, die nicht (mehr) gebraucht werden. Zum Beispiel das alte Faxpapier, das längst verbleicht ist. Oder aber die Kaffeefilter, die irgendwer einmal angefangen hat, ins Lager zu legen statt in die Küche und dann haben es alle anderen auch so gemacht. Du wirst vielleicht aber auch sehen, dass ihr mehr Kugelschreiber habt als jemals gebraucht werden. Und versuche dann einmal, die Büroklammern zu finden.

UMSETZUNG:

Frage Dich bei allen Gegenständen im Lager, ob sie hier gebraucht werden, ob sie noch gebraucht werden und ob sie an der Stelle, an der sie sich befinden, leicht gefunden werden. Je nach Größe kann es auch sinnvoll sein, alles rauszunehmen und nur das wieder ins Regal zurückzustellen, was auch wirklich gebraucht wird.

In den meisten 5S-Ratgebern wird empfohlen, einen sogenannten Red-Tag-Bereich einzurichten. In diesem Bereich kommt alles, was in einem Raum überflüssig ist oder nicht mehr benutzt wird. Es gibt mehrere Wege, diese zu markieren:

Rote Anhänger: Sie signalisieren klar und deutlich, dass dieser Gegenstand hier nichts mehr verloren hat. Jeder kann solche Anhänger vergeben und die Gegenstände dann in einen Quarantäne-Bereich legen. Nach fünf Tagen werden die Gegenstände entsorgt.

Bodenmarkierungen: Wenn der Platz vorhanden ist, kannst Du auch einen Bereich in einem Raum mit Bodenmarkierungen als Quarantäne-Zone markieren. Wichtig ist dabei, dass die dort abgelegten Gegenstände von jedem gesehen werden können. Die Schutzzeit dient dazu, dass jeder Gelegenheit hat zu schauen, ob sich dort vielleicht etwas lang Vermisstes wiederfindet.

Aufzeichnungen: Jeder Gegenstand, der einen roten Anhänger bekommt, wird in eine Liste eingetragen. Das ist schon deshalb wichtig, weil er ja später auch aus dem Inventar Deiner Firma ausgetragen werden muss. In der Liste wird auch notiert, ob ein Gegenstand weggeworfen wird oder verbleiben kann. Idealerweise schreibst Du auch noch auf, wo der Gegenstand in Zukunft zu finden ist.

Fotos: Eine der einfachsten Methoden, um klar zu machen, wie viel Müll und Unordnung entstehen kann, ist Fotos von allen Bereichen zu machen, in denen Du aussortieren willst. Mache immer vorher und nachher Fotos. Sie sind eine gute Methode, um Mitarbeitern (und Dir selbst) zu verdeutlichen, welche Vorteile das Sortieren hat.

Ein anderes Beispiel, wenn es um das Aussortieren geht, ist Dein Computer (oder Dein Server). Dateien, die nicht mehr verwendet werden, nehmen einen unglaublichen Speicherplatz ein und können Computer auch in der Leistung beeinträchtigen. Außerdem werden zu oft Daten an der falschen Stelle gespeichert und dann nicht mehr gefunden. Selbst mit der besten Suche und einem strukturierten Ordnersystem wirst Du das Problem nicht vollkommen lösen können.

ACHTUNG:

Beim Aufräumen des Desktops solltest Du nicht gleich alles Überflüssige löschen, sondern in ein Backup legen, denn es kann zum Beispiel rechtliche Gründe dafür geben, auch Dateien zu archivieren, die nicht mehr verwendet werden (das gilt auch für Programmdateien). Aufräumaktionen auf Rechnern und Servern sollten immer eng mit der IT-Abteilung durchgeführt werden.

Am Beispiel einer Firma, die Gasfedern produziert, hat die Autorin Rebecca Riege vorgeschlagen, wie Sortieren in der Praxis aussehen kann:[10]

„Zunächst erhält jeder Mitarbeiter seinen Verantwortungsbereich zugeteilt sowie konkrete Aufgaben.
Im Anschluss erfolgt die Trennung von Notwendigem und nicht Notwendigem (...)

Zuvor sollte definiert werden, wo und wie Dinge entsorgt werden. Dazu stehen die entsprechenden Abfallbehälter und Müllsäcke bereit. Es sollte ein Sammelplatz, der sogenannte Quarantänebereich, festgelegt werden.

Die Führungskraft ist während der Aktion aktiv anwesend, hilft bei der Sortierung und räumt

---

[10] Riege, R. (2012): Ablaufoptimierung der Fertigung modifizierter Gasfedern bis hin zum Kommissionieren der Dämpfer

auch selbst mit auf. Weiterhin hat sie das 5S-Team zu motivieren, zu beraten und hilft bei der Anwendung der Listen, Anhänger usw. Der Leiter stellt kritische Fragen, z.B. "Wann verwendest du dieses Werkzeug?".

Konkret sollte jeder Mitarbeiter mit seinem Arbeitsplatz beginnen. Zum Beispiel könnten Herr Krebs und Frau Schwarze den Arbeitsplatz K/V und Herr Arnhold den Arbeitsplatz modifizierte Gasfeder aufräumen. Die Sortierung erfolgt so, dass alle Gegenstände durchgeschaut werden und in Zweifel gestellt werden. Es sind dabei alle Schränke, Regale und Schubladen zunächst auszuräumen."

Eine Regel, die das Sortieren erleichtern kann, ist der 30 Sekunden-Ansatz:

- höchstens 30 Sekunden zum Suchen von Gegenständen/Informationen,

- höchstens 30 Sekunden zum Ablegen von Gegenständen/Informationen.

Ziel: Das Aussortieren befreit Dich von Ballast und unnötiger Verschwendung.

2. STELLE ORDENTLICH HIN

Seiton, im Englischen als "Set in Order" oder "Straighten" bezeichnet

Beim Seiton-Prozess wirst Du nun alles, was beim Aufräumen übriggeblieben ist, ordentlich hinstellen. Diese Phase kann auch ohne den Aufräumteil durchgeführt werden. Es geht vor allem darum, Ordnung zu schaffen. Bei Seiton willst Du sicherstellen, dass jeder weiß, wo man etwas findet. Das kann ein Lager sein, aber auch die Werkshalle, der Raum, wo die Putzmittel sind oder ein Rettungswagen.

Das beste Beispiel ist eine Werkstatt, zum Beispiel eine Autowerkstatt. Hier arbeiten mehrere Mechaniker zusammen. Zwar hat in der Regel jeder seinen eigenen Werkzeugkasten, aber viele Werkzeuge – zum Beispiel Messgeräte – werden auch gemeinsam genutzt. Deswegen sollten sie immer am gleichen Ort sein. Wer ein Gerät oder Werkzeug benutzt hat, stellt es nach der Benutzung auch wieder zurück. Was logisch klingt, ist in der Praxis oft nicht der Fall.

Ein Grund, warum Du Seiton anwenden solltest, ist Zeit. Jedes Mal, wenn Du mehr Zeit als nötig brauchst, um etwas zu finden, entstehen Deinem Unternehmen Kosten. In einer Autowerkstatt kann das ein Faktor werden: Wenn man pro Tag 5 Minuten mit Suchen verschwendet, sind das bei vier Mechanikern bereits 20 Minuten pro Tag. Das entspricht in etwa der Zeit, die man für einen Reifenwechsel braucht – den man aber nicht durchführen kann, weil man die Zeit mit Suchen verbracht hat. Einen Kunden weniger pro Tag abzufertigen wird sich schnell auf den Umsatz auswirken.

Ordnung ist aber auch in vielen anderen Bereiche sinnvoll. In einem Rettungswagen oder der Notaufnahme kann Ordnung Leben retten, wenn man mit einem Handgriff weiß, wo welche Medikamente sind, und wo welche Spritzen und Nadeln liegen. Hier ist Ordnung das oberste Gebot (auch wenn das natürlich schon vor 5S erfunden wurde).

Der eigene Computer ist – das wirst Du nach der Aufräumaktion bereits gesehen haben – immer optimierbar, wenn es um Ordnung geht. Im Unternehmen ist es aber wichtig, dass sowohl am eigenen PC als auch auf einem Server eine Ordnung herrscht, die für alle nachvollziehbar ist. Viele Unternehmen arbeiten mit geteilten Ordnern, aber wer hat festgelegt, welche Struktur die Ordner haben?

Mit Seiton wirst Du festlegen, wie etwas schnell zu finden ist. Das muss nicht immer die logische Struktur eines verästelten Ordnerstamms sein.

In Seiton gibt es ein paar klare Anweisungen, die für Arbeitsplätze in der Produktion gedacht sind, aber auch für Computerdesktops gelten können:

- Alle Utensilien, die Du brauchst, sollten einfach und leicht erreichbar sein.

- Sie sollten in einer logischen Reihenfolge angeordnet sein, die sich an Deiner Arbeitsweise orientiert.

- Alles was Du am häufigsten brauchst, sollte am nächsten stehen und am einfachsten erreichbar sein.

- Ordne Werkzeuge, Dateien und Ordner so an, dass sie nicht zu dicht aneinander liegen, um zu vermeiden, das falsche Werkzeug zu greifen.

- Alle Werkzeuge und Gegenstände, die Du brauchst, sollten immer an der gleichen Stelle liegen. Verschiebe Dateien und Shortcuts nicht auf Deinem Desktop.

- Beschrifte alles so, dass auch andere Mitarbeiter verstehen, um was es sich dabei handelt. Bei Gegenständen ist das wichtig, damit sie nachher wieder an die richtige Stelle gestellt werden können.

BEISPIEL:

Eine Kette von Imbissbuden wächst auch über die Grenzen der Stadt hinaus. Das gute Branding hat es ermöglicht, dass man daraus ein Franchise-Geschäft machen kann. Aber manche Buden arbeiten schneller als andere und können mehr Kunden abfertigen und damit auch mehr verkaufen. Eine Untersuchung zeigt, dass diese Buden sich eine Ordnung geschaffen haben, in der alles mit wenigen Handgriffen erreichbar ist. Der Hamburger-Wender ist immer an der gleichen Stelle, genauso wie der Schaber, die Box für die Pommes und das Salz. Auch die Pappschalen haben ihre eigene Position. Die Mitarbeiter müssen nicht mehr schauen, wo sich etwas befindet, sondern können fast schon automatisch eine Wurst nach der anderen grillen und verkaufen.

Ziel: Ordnung macht es möglich, dass Arbeit fließend und einfach gemacht werden kann.

3. SÄUBERE

Seiso, im Englischen "Shine"

Bei Seiso kommt der Putzeimer zum Einsatz, oder der Wischlappen. Es geht darum, einen Arbeitsplatz nicht nur sauber, sondern auch ordentlich zu halten. Selbst wenn Du in einem Büro arbeitest, in dem es einen Putzdienst gibt, wirst Du feststellen, dass dieser nicht jede Ecke reinigt. Selten wird zum Beispiel unter dem Monitor, auf seiner Rückseite oder gar innen gereinigt.

In einer Baufirma oder einem Landschaftsgartenbau wirst Du sehen, dass eine der ersten Regeln, die einem Auszubildenden beigebracht wird, ist, seine Werkzeuge nach Gebrauch zu reinigen. Denn auch der beste Stahl wird irgendwann einmal angegriffen. Außerdem will man keine verdreckte Schaufel ins Lager zurückbringen. Gleiches gilt für Arbeitsschuhe.

Saubermachen ist aber auch in der Dienstleistung wichtig. Ein anderes Beispiel sind die Fahrzeuge, die gemeinsam benutzt werden. Wer in ein Auto steigt, um eine Dienstfahrt anzutreten, will nicht erst die Essensreste des vorherigen Benutzers beseitigen. Zum Säubern gehört übrigens auch die Instandhaltung, also nachschauen, ob genug Öl vorhanden ist oder Scheibenwischflüssigkeit.

In modernen Büros wird die Sauberkeit oft ausgelagert: Entweder man stellt eigene Reinigungskräfte ein oder beauftragt eine externe Firma. Das entlastet zwar die Mitarbeiter, entfremdet sie aber auch vom Arbeitsplatz. Identifikation kann auch dadurch entstehen, dass man sein Büro "owned", sich also auch dafür verantwortlich fühlt. In japanischen Firmen werden oftmals Büros in Zonen eingeteilt, für die dann die Mitarbeiter verantwortlich sind.

Beispiele, was man in einem Büro säubern oder checken kann:

- Tastatur von Krümeln befreien.

- Ventilator im Rechner von Staub befreien.

- Rollen am Stuhl checken.

- Tisch desinfizieren.

- Türen abwischen.

- Kaffeemaschine entkalken.

- Drucker innen von Staub befreien.

- Scharniere ölen.

- Heizung überprüfen (lassen).

- Defekte Lampen auswechseln.

- Sofas und Sessel reinigen.

- Ball und Figuren von Tischfußball reinigen.

- Papierkörbe reinigen (nicht nur entleeren).

Es geht hierbei nicht darum, Deiner Firma Putzkosten zu sparen. Der englische Begriff "Shine" beschreibt etwas besser, was mit Seiso gemeint ist: Du willst Deine Firma, Dein Büro, Deinen Arbeitsplatz einfach gut aussehen lassen. Er soll blitzen vor Sauberkeit. Übrigens werden Dir die Mitarbeiter, die Allergien haben, für solche Säuberungsaktionen danken, weil dadurch die Staubbelastung erheblich reduziert wird.

Am besten ist es, einen Putzplan zu erstellen, damit klar ist, **was wann von wem** gereinigt werden soll. Dieser Plan ist zumindest für Teams und Gruppen oder Abteilungen verbindlich – auch um zu vermeiden, dass nur bestimmte Personen die Arbeit machen. Das schließt übrigens ausdrücklich Abteilungsleiter und Teamleiter sowie andere Vorgesetzte mit ein.

In ihrer Bachelorarbeit über die "Ablaufoptimierung der Fertigung modifizierter Gasfedern bis hin zum Kommissionieren der Dämpfer" schlägt die Studentin Rebecca

Riege auch 5S am Arbeitsplatz vor. Sie sieht aber auch die Probleme, die im Alltag entstehen können:

„Eine Grundreinigung hat allerdings keinen Erfolg, wenn die Säuberung nicht kontinuierlich fortgesetzt wird. Aufgrund dessen sollte ein allgemeiner Reinigungsplan erstellt werden, der sowohl tägliche oder wöchentliche, aber auch monatliche oder eine in anderen längeren Zeitabständen zu erfolgende Reinigung beinhaltet. Eine Möglichkeit besteht in der "5-Minuten-Reinigung“, welche zum Beispiel 5 Minuten jeden Morgen oder am Schichtende andauert. Beispielsweise könnte diese Methode ergänzt werden durch eine viertel- oder halbstündige Reinigung am Ende der Woche oder an einem vom Mitarbeiter ausgewählten anderen Tag. Wichtig ist dabei, die ständige Kontrolle durch eine Führungskraft. Mitarbeiter erfinden gerne Ausreden oder schieben das Tagesgeschäft vor, um sich vor einer Säuberung zu drücken. Erst die Konsequenz führt zu wesentlichem Erfolg.”[11]

Ziel: Ein sauberes und gesundes Arbeitsumfeld, um Funktionalität aufrechtzuhalten.

---

[11] Riege, R. (2012): Ablaufoptimierung der Fertigung modifizierter Gasfedern bis hin zum Kommissionieren der Dämpfer

4. STANDARDISIERE

Seiketsu, im Englischen "Standardize"

Du hast jetzt einen ersten Eindruck davon bekommen, wie Du in Deiner Firma aussortierst, Ordnung schaffst und alles sauber hältst. Das ist aber nur der Anfang. Bei 5S-Projekten ist am Anfang die Begeisterung immer groß: Mit Freunde wird das Lager entrümpelt, endlich der Gemeinschaftsraum mal richtig saubergemacht und Ordnung in der IT-Abteilung geschaffen. Dann atmen alle durch, essen die vom Chef bestellte Pizza und gehen ins Wochenende. Am Montag ist dann alles wieder wie zuvor und es ist nur eine Frage der Zeit, wann der alte Schlendrian wieder einzieht.

Um das zu vermeiden brauchst Du Seiketsu: jetzt gehts es darum einen Prozess zu etablieren, um auch weiterhin sicherzustellen, dass Seiri, Seiton und Seisō ständig und dauerhaft praktiziert werden. Das ist der wohl schwierigste Teil bei der 5S-Methode, weil er in die bisherigen Arbeitsabläufe und -Prozesse integriert werden muss.

Dabei wirst Du auf Widerstände stoßen, so wie bei allen Neuerungen, die eingeführt werden. Wenn Du bereits Erfahrung im Change Management hast, wird Dir dies hierbei helfen können. Die Einführung von Seiketsu sollte in mehreren Schritten erfolgen:

1. Schreibe auf, was Du aus den Seiro, Seiton und Seiso Praktiken gelernt hast.

2. Leite daraus Aufgaben ab, zum Beispiel, dass die Besucher-Sofas gereinigt werden müssen.

3. Lege fest, wer für die Umsetzungen verantwortlich ist (Gruppen, nicht Personen).

4. Untersuche, welche bestehenden Arbeitsprozesse es in den Gruppen gibt.

5. Finde Lücken, in denen die 3 S umgesetzt werden (am besten machst Du das mit den Mitarbeitern gemeinsam).

6. Lege einen Plan fest, in dem die jeweiligen Aufgaben aufgeschrieben, zugeordnet und terminiert sind.

Solche Pläne müssen einfach sein, vor allem aber anschaulich. Hier wirst Du mit einem Excel-Sheet nicht weit kommen. Stattdessen solltest Du so viele Bilder wie möglich verwenden:

Ordnung

Mache Fotos, wie das Lager nach der ersten Ordnungsaktion jetzt aussieht, am besten von jedem Regal und jeder Schublade. Das ist der neue Standard und nach jeder weiteren Ordnungsaktion muss es genauso aussehen.

Im Lager selbst (oder jedem anderen Raum/Bereich, in dem Materialien gelagert sind, helfen außerdem auch Beschriftungen. Wenn Du Dich einmal mit Kanban beschäftigt hast, kannst Du auch Karten einsetzen, die sagen, wann ein Material nachgefüllt werden muss (zum Beispiel, wenn weniger als 10 Kugelschreiber vorhanden sind).

Zeige, wo im Büro geputzt werden muss, eventuell mit einem roten Pfeil oder Kreis im Foto, damit klar ist, was gemeint ist.

Bei der Einrichtung von neuen Rechnern für Mitarbeiter können gleich von Anfang an alle Ordner am Desktop so eingerichtet werden, dass sie dem Arbeitsprozess in der jeweiligen Abteilung entsprechen.

Du solltest aber nicht zu weit gehen, was die Ordnung angeht. Es ist nicht wirklich wichtig, wo auf dem Schreibtisch die Maus liegt, wo die Dose mit den Stiften steht und wie weit die Tastatur von der Schreibtischkante entfernt sein darf. Denke immer daran, dass die Ordnung praxisbezogen sein muss und nicht ihrer selbst wegen eingeführt wird.

Säubern

Auch die Putz- und Aufräumaktionen sollten standardisiert werden. Das ist recht einfach zu bewerkstelligen: Du musst lediglich einen wiederkehrenden Eintrag im Kalender machen. Das wird ein wenig an einen Putzplan in einem Mehrfamilienhaus erinnern, ist aber einfach nur praktisch. Wichtig ist hierbei, dass auch klar ist, wer die Tätigkeiten ausführen muss. So ein Plan kann wie folgt aussehen:

Was?	**Wann?**	**Wer?**
Kaffeeküche grundsäubern	Jeden 2. Dienstag im Monat	Abteilungen rotieren
Lager putzen	Jeden 1. und 3. Mittwoch im Monat	Einkaufs-Abteilung
Server reinigen (digital und physisch)	Jeden 3. Freitag im Monat	IT-Abteilung

Tabelle 2: Standardisierter Aktionsplan zum Säubern

Wenn ein Putztag auf einen Feiertag fällt, wird der freie Tag vorher oder nachher verwendet.

In Produktionsanlagen kann es sinnvoll sein, dass diese Aktionen einmal die Woche durchgeführt werden, wenn es gemeinschaftlich benutzte Arbeitsplätze betrifft. Bei Arbeitsplätzen für einzelne Mitarbeiter sollten die ersten drei S eigentlich jeden Tag beherzigt werden. Zu Beginn und am Ende des Arbeitstages sollten die Mitarbeiter ihre Arbeitsplätze aufräumen und sicherstellen, dass alles vorhanden ist und am Abend auch so hinterlassen, dass sie am nächsten Morgen weniger Arbeit haben.

Du kannst hier mit Checklisten arbeiten, solltest allerdings darauf achten, dass dadurch nicht zu viel Bürokratie entsteht. Als eine bessere Lösung haben sich Bilder und Hinweisschilder erwiesen, die Mitarbeiter an die 5S Aufgaben erinnern. Aber auch hier kann es zu einer Ermüdung kommen und deshalb wirst Du solche Schilder von Zeit zu Zeit austauschen müssen.

Im nächsten Kapitel wirst Du lernen, wie ein Visual Workplace Dir dabei helfen kann, Standards auch sichtbar zu machen und sie besser und nachhaltiger zu implementieren.

Zur Standardisierung von 5S gehört auch, dass der Prozess selbst immer wieder überprüft wird. 5S ist von sich selbst nicht ausgenommen und deshalb wirst Du regelmäßig überprüfen müssen, in welchen Bereichen 5S erfolgreich läuft und wo es Probleme gibt. Auch so eine Analyse sollte geplant sein, zum Beispiel alle drei Monate. Alle terminierten 5S Aufgaben sollten höchste Priorität haben und zum Beispiel nicht durch ein Meeting einfach verschoben werden können. Ein wichtiger Standard ist deshalb, das 5S auch mit den vereinbarten Maßnahmen durchgeführt wird.

5. SELBSTDISZIPLIN

Shitsuke, im Englischen "sustain"

Das führt uns zu Shitsuke, der Selbstdisziplin, im Englischen auch mit "Sustain" übersetzt. Gemeint ist damit, dass die 5S Prozesse von allen Mitarbeitern verstanden und eigenständig umgesetzt werden. Wie so viele japanische Arbeitsmethoden wird auch bei 5S auf die Eigenverantwortung gesetzt, die durch Prozesse kontrolliert wird, nicht aber durch die Vorgesetzten. Oftmals wird Shitsuke auch mit „Machen, ohne es gesagt zu bekommen" übersetzt.

Um 5S auch in den Köpfen zu verankern, wirst Du um einige Trainings nicht herumkommen. Wie bei allen organisatorischen Veränderungen wirst Du auch hier auf Widerstände stoßen, aber auch einiges erklären müssen und vor allem das Feedback der Mitarbeiter brauchen. Es ist kontraproduktiv, wenn Du vorgibst, wie ein Arbeitsplatz in der Fertigung auszusehen hat, wenn der Mitarbeiter, der dort sitzt, es wesentlich besser weiß.

Je mehr die Mitarbeiter in den Prozess von Anbeginn an eingebunden sind, umso mehr werden sie 5S auch zu einem Teil ihrer täglichen Routine machen.

Du solltest Dir für den Einrichtungs- und Trainingsprozess genug Zeit nehmen, um alle Bereiche genau zu untersuchen. Je komplizierter ein Arbeitsplatz ist, umso genauer musst Du hinschauen, wenn Du etwas verändern willst. Ein Vorteil von 5S ist die Erleichterung der Arbeit für den Mitarbeiter: Er sieht einen direkten Vorteil, wenn alle Werkzeuge am gleichen Ort sind und wird das allein schon als Ansporn verstehen, seinen oder ihren Arbeitsplatz in Ordnung zu halten.

Mit einer Checkliste können die Audits so durchgeführt werden, dass man ein Protokoll erstellt, aber auch sicherstellt, dass gefundene Schwachstellen gleichzeitig behoben werden. Diese Liste ist recht allgemein gehalten, weil sie in jedem Bereich abfragt, ob 5S gut umgesetzt wurde. Das erspart Dir einzelne Listen mit Aufgaben zu erstellen und verringert den Verwaltungsaufwand.

Das Punktesystem ist optional, kann aber die Mitarbeiter zusätzlich motivieren. Allerdings sollte es kein Selbstzweck sein und schon gar keine Bestrafung. Versuche nur dann einen Punkt zu vergeben, wenn ein S wirklich nicht umgesetzt wurde. Vermeide auch, dass Abteilungen sich gegenseitig in einem Wettbewerb begegnen, wer die meisten Punkte hat. Es geht bei 5S nicht so sehr darum, wer besser ist, sondern darum, dass die verschiedenen Stadien auch immer wieder umgesetzt werden.

5S-Schritt	Beschrei-bung	5 Punkte :-)	3 Punkte :-|	1 Punkt :-(	K1[12]	K2[13]
Sortieren	Im Arbeits-bereich befinden sich nur die Dinge, die dort auch hinge-hören.					
Ordnung schaffen	Alles an diesem Arbeitsplatz hat seinen Platz und ist bei Nichtge-brauch an seinem Platz?					
	Alle Plätze sind klar und eindeutig gekenn-zeichnet und beschriftet?					
	Im Nahbe-reich befin-					

[12] K1 = Kommentar
[13] K2 = Korrekturen

	den sich nur Dinge, die ständig gebraucht werden bzw. die zur Bearbeitung der aktuellen Aufgabe notwendig sind?					
Sauber machen	Der Arbeitsplatz ist sauber					
Standards	Alle Standards umgesetzt?					
Selbstdisziplin	Mitarbeiter achtet auf 5S					
	Datum	Auditor	Mitarbeiter	**Korrektur durchgeführt**		

Tabelle 3: 5S-Audit-Checkliste

6. Sicherheit

Eine Erweiterung von 5S ist die 6S Methode, die zusätzlich noch das Thema Sicherheit herausstellt. Hierbei geht es weniger darum nachzuschauen, ob Dinge einfach erreichbar sind oder ob es Verschwendung gibt, sondern ob der Arbeitsplatz sicher ist. Da bei 5S der Arbeitsplatz und das Unternehmen ohnehin genau unter die Lupe genommen werden bietet es sich geradezu an, auch die Sicherheit einfließen zu lassen.

In vielen Branchen wird die Sicherheit bereits durch gesetzliche Vorschriften geregelt und auch die Berufsgenossenschaft hat hier ein Wörtchen mitzureden. Aber Vorschriften zu kennen und diese auch umsetzen zu können sind zwei Paar Schuhe. Mit dem 6S Prozess kannst Du dies vereinfachen.

Convergance-Training, eine Firma, die sich in Australien mit der Sicherheit in Unternehmen befasst und diese berät, hat auch 5S als Maßnahme entdeckt. Es kann im EHS Bereich eingesetzt werden (Environment, Health, Safety). In ihrem Training schlagen sie vor, dass man die roten Anhänger in der Sortierungsphase zwar beibehält, zusätzlich aber gelbe Anhänger einführt, die eine EHS-Gefahr darstellen. Es gibt dann für die rot und die gelb

gekennzeichneten Gegenstände verschiedene Quarantä-
nezonen.[14]

Beim Ordnen sollten nicht nur die schnelle Erreichbarkeit
und die Effizienz eine Rolle spielen, sondern eben auch
die Sicherheit. Schwere Gegenstände sollten zum Beispiel
nicht auf ein Regal gestellt werden, sondern unten gelagert werden, auch wenn sie nicht so oft benutzt werden.
Auch Ergonomie kann hier eine Rolle spielen.

Beim Reinigen sollten zum Beispiel nur Reiniger eingesetzt werden, die umweltfreundlich sind. Wenn Du in
Deiner Firma Chemikalien benutzt, sollten die Behälter
überprüft werden – sind sie dicht, ist der Inhalt noch ok?
Außerdem können Feuerlöscher und Erste Hilfe Kästen
getestet und eventuell ausgetauscht werden.

Die Sicherheit kannst Du entweder als einen eigenen
Schritt einführen – meistens nach den ersten drei Schritten – oder aber in alle Schritte einbauen. Letzteres ist
meistens die praktischste Lösung, vor allem dann, wenn
es keine gefährlichen Stoffe oder Maschinen in Deiner
Firma gibt.

---

[14] Dalto, J. (2015): 5S + SAFETY = LEAN 6S SAFETY. URL:
https://www.convergencetraining.com/blog/5s-plus-safety-6s-
safety [Stand: 24-01-2019]

Wichtig wird der Sicherheitsaspekt aber auch bei Arbeitsplätzen, die erst einmal nicht so gefährlich aussehen. Das kann eine Zahnarztpraxis sein, ein metallverarbeitender Betrieb oder eine Schreinerei. Hier wirst Du natürlich zuallererst den gesetzlichen Vorgaben folgen müssen, aber die sind nicht immer ausreichend.

4. Visual Workplace

Im Zusammenhang mit der Einführung von 5S wird immer wieder der der Begriff des Visual Workplace angeführt. Dabei handelt es sich um ein Konzept, Hinweise zu verbildlichen, um einen Arbeitsplatz übersichtlicher und sicherer zu machen. Im Buch "Create a Visual Workplace" von Brady wird die Methode wie folgt beschrieben:

"Der Visual Workplace ist ein Konzept aus dem Lean Management, bei dem jede wichtige Information sich dort befindet, wo die Mitarbeiter sie auch sehen müssen. Dieses Konzept spielt auch bei 5S eine wichtige Rolle. Es bildet das Fundament für Verbesserungen im Lean-Prozess und stellt sicher, dass die Maßnahmen auch sichtbar, leicht verständlich und nachhaltig sind. Wer mit Aufklebern und Beschilderungen arbeitet, reduziert Müll und Verschwendung, lernt Neues und kann die Produktivität auf lange Sicht verbessern.

Eine Hypothese, die dem zugrunde liegt, ist, dass Verschwendung und auch Fehler oft deshalb passieren, weil Mitarbeiter keine ausreichenden Informationen haben. Sie wissen nicht, wie sie etwas besser oder sicherer machen können. Optische Hinweise sollen diese Informationslücke schließen. Als Beispiel ist ein Regal zu nennen, bei dem die einzelnen Fächer mit Karten markiert sind, die anzeigen, was sich darin befindet. Das ist vor allem dann wichtig, wenn man mit einfachen Handgriffen etwas greifen muss, zum Beispiel in einem Krankenhaus oder einer Werkstatt.

Visuelle Informationen sind auch deshalb wichtig, weil wir mit unseren Augen Informationen besser aufnehmen können. 75 Prozent unseres Wissens nehmen wir durch Sehen auf, 13 Prozent durch Hören und 12 Prozent durch Riechen. Einem Mitarbeiter etwas zu sagen ist demnach weniger effektiv als ihm eine optische Information zu geben."[15]

Das solltest Du aber nicht falsch verstehen und alle Information in eine E-Mail packen und rausschicken. Es geht darum, dass die Informationen dort sichtbar sind, wo sie gesehen werden. Das kann zum Beispiel wie folgt gemacht werden:

---

[15] BRADY (2015): Create a Visual Workplace: 5S Plus Guide - BEST PRACTICES FOR A LEANER AND SAFER WORKPLACE

Arbeitsanweisungen nicht in Ordnern verstecken, sondern sichtbar am Arbeitsplatz anbringen.

Schilder in mehreren Sprachen anfertigen – es ist wichtiger, dass eine Information verstanden wird als dass es eine bestimmte Sprache ist.

Markierte Schubladen: Alles was von außen nicht einsehbar ist hat eine Karteikarte oder ein Schild, mit einer Beschreibung was sich innen befindet – Du kannst auch Fotos machen.

Sicherheitsschilder: Mitarbeiter müssen wissen, welche Gefahren wo lauern und was sie tun müssen, um diese zu vermeiden.

Notfallmaßnahmen: Wo lässt sich das Wasser abstellen, wo sind die Sicherungen, wo sind Feuerlöscher und wo ist der Feueralarm – diese Informationen müssen überall verfügbar sein.

Ein Beispiel wie man mit klaren Anweisungen viel Geld sparen kann, liefert der Wirtschaftsprofessor Dr. Brian Harston:[16]

Eine Firma im Bergbau in Australien stellte fest, dass eine große Menge an Werkzeugen und Geräten jeden Tag aus dem Lager geholt werden. Als sie 5S einführten stellten die Manager schnell fest, dass ein gravierendes Problem war, dass zu den falschen Werkzeugen und Maschinen gegriffen wurden, weil sie nicht klar bezeichnet waren. In manchen Fällen dauerte es 45 Minuten, bis ein Mitarbeiter fand, was er suchte und brauchte. Die Firma entschied, die Werkzeuge so zu beschriften, wie sie dem Einsatz entsprechen und baute neue Werkzeugwagen mit einer kleinen Wand, auf der die Werkzeuge aufgehängt wurden. Der Effekt war so groß, dass man im Monat über 60.000 US-Dollar einsparen konnte.

Wenn es um Sicherheit geht, wirst Du bereits den Visual Workplace gesehen haben: Für bestimmte Stoffe gibt es vorgeschriebene Hinweisschilder, wie "Vorsicht brenn-

---

[16] BRADY (2015): Create a Visual Workplace: 5S Plus Guide - BEST PRACTICES FOR A LEANER AND SAFER WORKPLACE

bar" oder "Vorsicht ätzend". Andere machen deutlich, wo ein Feuerlöscher stehen muss oder wo es zum Notausgang geht. Aber gerade Feuerlöscher und Feueralarm sind gute Beispiele: Es hilft wenig ein Schild über einem Feuerlöscher zu haben. Wichtiger ist, dass jeder Mitarbeiter weiß, wo der nächste steht.

Andere Hinweise beziehen sich auf die Bedienung von Maschinen. In den USA gibt es jedes Jahr 34.000 schwere Unfälle mit Gabelstaplern. In Deutschland gibt es über 800.000 Unfälle am Arbeitsplatz pro Jahr, sowohl in Fabriken als auch in Büros. Zwar sind manche Unfälle ein Missgeschick, wie Umknicken oder Hinfallen, dennoch kann eine bessere Sicherheitsvorkehrung helfen, gerade schwerwiegende Verletzungen zu vermeiden.

> **BEISPIEL:**
>
> In einem Büro gab es ein Schneidemesser, mit dem man größere Stapel Papier zurechtschneiden kann. Man legt einen Papierstapel auf das Gerät und zieht dann das etwa 30 Zentimeter lange Schneidemesser mit einem Hebel nach unten. Eigentlich gibt es eine Schutzschiene die Verletzungen verhindern soll. Wenn man aber die Hand falsch hält, kann das Messer in die Haut schneiden. Nachdem es zwei Verlet-

zungen gegeben hatte, verwies die Geschäftsführung per Email auf die Gefahr. Dennoch gab es einen
erneuten Vorfall. Jetzt wurde ein Foto gemacht, wie
man die Hand halten soll, damit sicher geschnitten
werden kann. Das Foto wurde direkt an die Schnei-
demaschine geklebt. Seitdem hat es keinen Vorfall
mehr gegeben.

Schilder-Gestaltung

Du musst keinen Grafiker beauftragen, um einen Visual
Workplace zu schaffen. Es kann natürlich helfen, ein ge-
wisses Grundkonzept für Schriftarten und -größen zu
haben, aber am Ende entscheidet, ob das Schild seine
Aufgabe erfüllt. Auf handgeschriebene Schilder solltest
Du verzichten, besser sind Ausdrucke. Denke auch daran,
dass gerade Ausdrucke mit einem Tintendrucker schnell
ausbleichen können. Wenn Schilder laminiert sind, halten
sie länger. Und am besten ist es immer, ein – ausreichend
großes Foto – zu haben, das den Soll-Zustand zeigt (oder
den Inhalt eines Regals, einer Schublade oder Box).

Mit selbstgemachten Schildern kannst Du eine Menge
Geld sparen, insbesondere wenn Du die Mitarbeiter dabei einbindest, und somit auch zum Erfolg von 5S beitra-

gen. Die Akzeptanz kann sich erheblich erhöhen, wenn sich Mitarbeiter mit solchen Hinweisen auch identifizieren können.

Ein weiterer Vorteil ist, dass Du solche Schilder schnell selbst machen kannst. Je nach Größe und Art Deines Unternehmens hast Du vielleicht ohnehin schon einen Label-Printer oder ein Laminiergerät im Haus stehen.

Damit Du oder Deine Mitarbeiter aber nicht zu kreativ werden müssen, hier ein paar Ratschläge, wie ein gutes Hinweisschild auszusehen hat:

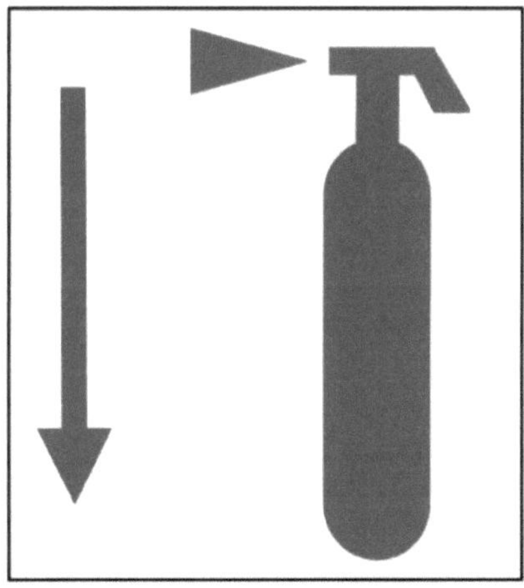

Abbildung 1: Hinweisschild für Feuerlöscher

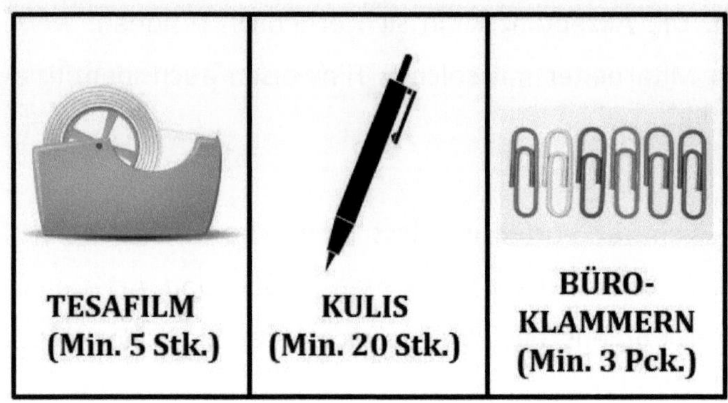

Abbildung 2: Hinweisschild - Beispiel für Büromaterial

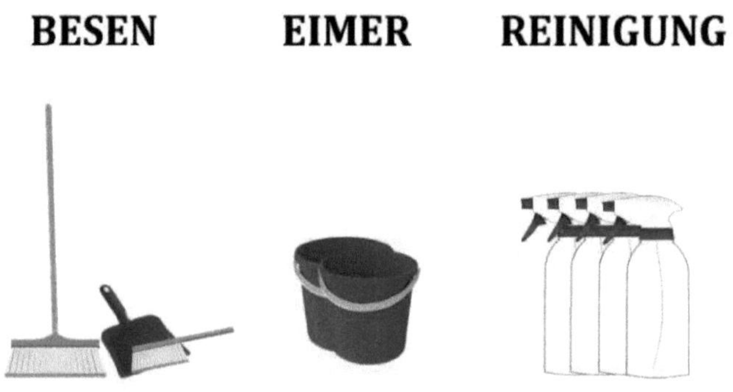

Abbildung 3: Ordnung im Putzschrank

Hinweisschilder sind eine unglaubliche Hilfe, wenn es darum geht, das 5S-System auch durchzuhalten. Was am Anfang wie eine bürokratische Hürde scheint, erweist sich sehr schnell als eine praktische Maßnahme.

In einer Firma, die Behälter für Kosmetika vertreibt, gibt es ein Musterlager für die Vertreter, die sich dort bedienen können, wenn sie Kunden die Produkte zeigen wollen. Die Firma hat etwa 250 Produkte im Angebot. Die Behälter für die Verkaufsgespräche werden in einem Raum in Regalen gelagert und lediglich nach Arten sortiert, also Dosen für Cremes, Sprühflaschen, Tuben und so weiter. Nachgefüllt wird nur, wenn ein Vertreter ein Produkt nicht findet und sich beschwert.

Nach einer 5S-Intervention wurde das Lager aufgeräumt, gesäubert und sortiert (man fand dabei auch Produkte, die längst nicht mehr produziert werden). Die ursprüngliche Sortierung nach Arten wurde zwar beibehalten, aber jetzt bekam jedes Segment seine eigene Beschilderung. Diese zeigte das Produkt, seine Bezeichnung und die Mindestmenge, die vorhanden sein muss. Wenn diese 10 beträgt und ein Vertreter nach Entnahme diese unterschreitet, ist er verantwortlich für eine Nachorderung. Entnahmen müssen notiert und abgezeichnet werden. Dieses Prinzip ist an Kanban angelehnt, eine Produktionsmethode, die eine reibungslose Produktion sicherstellen soll, bei der vor allem der Nachschub sichergestellt ist. Sie ist auch das Herz der Just-in-Time-Produktion.

Solche Schilder können wie folgt aussehen (Beispielbild):

Name: **Dose Creme 7 cm weiß**	Mindestmenge: **20**
Nummer: **2030404**	Kategorie: Dosen
Regalnummer: **4A** Barcode: 1 234567 890128 >	

Abbildung 4: Beispiel für ein Hinweisschild aus dem
Kosmetikbereich

Bei der Gestaltung der Schilder sollten die **wichtigsten Informationen groß und fett** geschrieben sein. Im obigen Beispiel sind das der Produktname, die Nummer und die Mindestmenge.

Die Anfertigung solcher Beschilderungen mag etwas Zeit in Anspruch nehmen und Du wirst Dich wundern, wie so eine Ersparnis entstehen kann. Aber die Zeit ist gut investiert, vor allem wenn Du die Schilder selbst drucken kannst. Sind einmal alle Produkte und Gegenstände sortiert und bezeichnet, wirst Du kaum noch suchen müssen oder überlegen, wo sich etwas befindet.

Kaizen

5S wird in großen Unternehmen oft dann eingesetzt, wenn zuvor schon eine Kaizen-Philosophie implementiert wurde oder wird. Das Wort kommt aus dem Japanischen und bedeutet ursprünglich "Veränderung zum Besseren". In Japan wurde dies zu einem Grundsatz der Unternehmensführung und Produktion. Man geht nicht davon aus, dass man auf eine Innovation warten muss und dann alle Ressourcen einsetzt, um diese auch auf den Markt zu bringen. Vielmehr setzte man auf einen kontinuierlichen Prozess der Verbesserung. Dieser orientiert sich an dem Grundsatz, dem Kunden das bestmögliche Produkt zu geben. Die Verbesserung findet dabei in allen Ebenen einer Organisation statt. Wichtige Punkte bei Kaizen sind:

- ein offenes internes Vorschlagswesen

- Mitarbeiterführung

- Prozessorientierung

- Qualitätsmanagement

Darüber hinaus gilt es die Denkweise bei Kaizen zu verstehen. Sie ist fundamental anders als bei klassischen Unternehmen, die im Wesentlichen am Profit orientiert sind und Kosten sparen wollen. Bei Kaizen gibt es anderen Prioritäten. Eine Organisation muss sich an folgenden Dingen orientieren:

Prozesse: Nicht das Ergebnis steht im Vordergrund, sondern der Prozess, der dazu führt.

Kunden: Produkte müssen den Kunden befriedigen und ihm einen Mehrwert geben.

Qualität: Produkte und Dienstleistungen müssen die höchste Qualität haben, die erreicht werden kann. Die Qualität muss deshalb ständig überwacht werden.

Kritik: Innovationen und Verbesserungen kommen nur durch einen Diskurs innerhalb der Belegschaft. Deswegen braucht es eine offene Kollaborations-Struktur und ein offenes Vorschlagswesen.

Standards: Aus Fehlern lernen heißt auch, die Verbesserungen, die man macht, als neue Standards einzuführen, damit Fehler in Zukunft vermieden werden.

Wenn Du 5S einführen willst, schadet es nicht, sich auch mit Kaizen einmal vertraut gemacht zu haben. Unternehmen, die die wesentlichen Denkweisen von Kaizen verinnerlichen, werden es leichter haben, Methoden wie Kanban, 5S, aber auch Scrum und andere agile Entwicklungsumgebungen einzuführen.

Bei Kaizen wird das Produkt kontinuierlich verbessert und eine Möglichkeit ist, Flaschenhälse zu identifizieren und zu beseitigen. Aus der Engpass-Theorie kannst Du folgende Lösungen verwenden, die auch Teil der Kaizen-Philosophie sind:

- identifiziere den Engpass

- laste den Bereich voll aus

- sorge dafür, dass nachfolgende und vorgeschaltete Prozesse sich am Engpass orientieren

- behebe den Engpass

Als Engpass kannst Du auch ein Lager sehen, bei dem es durch Unordnung zu zeitlichen Verzögerungen kommt. Du kannst als Bild einen Verkehrsstau nehmen, der durch eine Baustelle verursacht wurde. Als erstes stellst Du fest, dass es sich wegen der Baustelle staut. Dann versuchst Du die Baustelle so zu verändern, dass möglichst viele

Autos durchkommen. Gleichzeitig versuchst Du über Warnsignale den Verkehr 10 Kilometer vorher zu verlangsamen, so dass weniger Autos zur gleichen Zeit die Baustelle passieren. Dann versuchst Du die Baustelle so schnell wie möglich fertig zu bekommen, so dass der Verkehr wieder wie gewohnt fließen kann.

Muri, Mura, Muda

Eine weitere Grundlage für 5S ist das Prinzip von **Muri, Mura** und **Muda**. Es bezieht sich ebenso wie die meisten Produktionsmodelle aus Japan auf Verschwendung. Die drei Worte bedeuten **Waste (Verschwendung), Imbalance (Ungleichgewicht) und Strain (Belastung).** Ziel ist es, alle drei Ms zu vermeiden.

Ein oft genanntes Beispiel, wie das erreicht werden kann, ist das von den beladenen Lastwagen. Stelle Dir vor, Du musst 12 Tonnen mit einem LKW transportieren, der aber nur vier Tonnen laden kann. Wenn Du zweimal fährst und ihn überlädst, ist das Muri (Belastung). Wenn Du sechsmal fährst, ist das Muda (Verschwendung). Wenn Du einen Laster mit 8 Tonnen belädst und dann einen mit 4 Tonnen, dann ist das Mura (Ungleichgewicht). Wenn Du hingegen dreimal mit 4 Tonnen fährst, dann sind Mura, Muri und Muda eliminiert.

Im Muri, Mura und Muda Modell gibt es folgende Formel:

Geschäftsbetrieb = Arbeit und Muda (Verschwendung)

Die Arbeit erhöht den Wert der Produktion

Muda erhöht die Kosten der Produktion

Die Verschwendung ist das größte Problem, weil sie oft nicht oder zu spät gesehen wird. Vor allem bei der Überproduktion ist Muda zu finden, aber auch in anderen Bereichen eines Unternehmens:

- zu viele Waren im Lager

- zu viele gefahrene Transportkilometer

- zu langes Warten

- zu weite Wege für Arbeiter (oder Maschinen)

Muri entsteht oft durch:

- zu hohe Arbeitslast (zum Beispiel durch Überstunden)

- zu große Auslastung von Maschinen

- zu große Investitionen

- zu geringer Cashflow

Mura wird verursacht:

- wenn es große Diskrepanzen zwischen Gehältern bei gleicher Qualifikation gibt

- wenn ein Ungleichgewicht der Diversität vorliegt

- wenn Abteilungen bevorzugt werden (zum Beispiel, weil sie als innovativ gelten)

- wenn zu große Projekte neben sehr kleinen Projekten angenommen werden

5. Gemba-Walk

Der Gemba-Walk ist ein fundamentaler Bestandteil des Lean Management Gedankens, welcher darauf abzielt, verschwenderische Aspekte im Arbeitsprozess zu erkennen bzw. realisierbare Effizienz- und Effektvitätspotentiale zu detektieren. Dies erfolgt durch die Beobachtung und Überprüfung der Arbeiten vor Ort, so dass ein realer Einblick in die Arbeitsweise direkte Rückschlüsse auf Optimierungen zulässt. Der Term Gemba oder auch Genba stammt ursprünglich aus Japan und heißt so viel wie "der eigentliche Ort" oder "der wahre Ort", womit jener Ort gemeint ist, an dem die tatsächliche Wertschöpfung stattfindet. Die direkte Vor-Ort-Begehung, Beobachtung und Aufnahme des Ist-Prozesses ist der grundlegende Baustein, um fehlerhafte Arbeitsweise zu identifizieren und im Idealfall umgehend zu beheben.

Die **sechs Prinzipien von Gemb**a sind:[17]

- "Gehe zum Ort der Fertigung (Gemba), wenn eine Abweichung auftritt!"

---

[17] Walter Optimierung (2017): Gemba Walk. URL: https://www.walter-optimierung.de/wissen/gemba-walk/ [Stand: 23-01-2019]

- "Überprüfe Mitarbeiter und Maschinen im Herstellungsprozess (Gembutsu)!"

- "Leite Sofortmaßnahmen ein!"

- "Finde die Ursachen der Abweichungen heraus!"

- "Beseitige die Ursache an der Quelle!"

- "Standardisiere, um einem Wiederauftreten der Abweichungen vorzubeugen!"

Im klassischen Lean-Management werden die Gemba-Walks am Anfang des Prozesses und später als Audits durchgeführt. Aber auch bei 5S ist diese Methode sinnvoll. Im Rahmen der Vorarbeiten kannst Du die Mitarbeiter zu so einer Begehung einladen und die sechs Prinzipien leicht modifizieren:

- Gehe zum Ort, der sortiert, gereinigt und geordnet werden muss.

- Überprüfe, wo Unordnung herrscht.

- Schreibe auf, was geändert werden muss.

- Lege fest, wer verantwortlich ist.

- Markieren die Quarantäne-Fläche.

- Bereite Standards vor.

Gemba kann Dir auch die Arbeit erleichtern, wenn Du gleich am Anfang Notizzettel verwendest. Diese kannst Du auf zwei verschiedene Weisen einsetzen: Du kannst schon bei der ersten Begehung an die jeweiligen Boxen, Regale, Räume oder Gegenstände Notizen anheften, die es später einfacher machen, sie zu sortieren. Oder aber Du benutzt ein großes Whiteboard, auf dem ein Schema des aufzuräumenden Bereiches aufgemalt ist. In dieses Schema kannst Du nun die Notizen eintragen. Oftmals kann es auch helfen, zuerst die IST-Situation aufzumalen und dann ein Soll daraus abzuleiten. Das kann so aussehen:

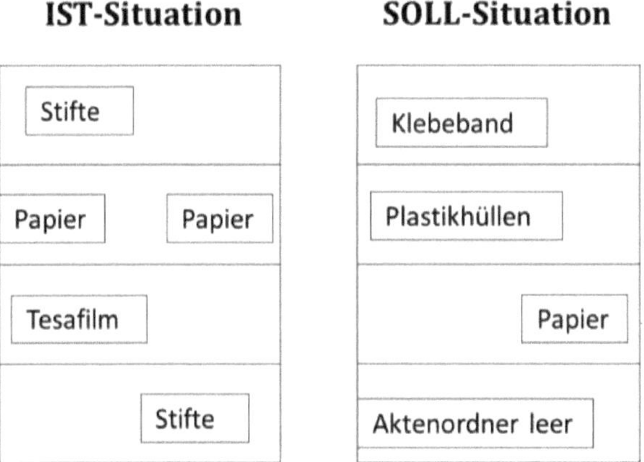

Abbildung 5: Beispielhafte Darstellung einer Ist-Situation und Soll-Situation

6. Plan Do Act – Die 5S-Umsetzung

Nachdem Du jetzt ungefähr weißt, um was es sich bei 5S handelt (und um was nicht), kannst Du Dich dafür engagieren, 5S in Deiner Firma einzuführen. Es gibt dabei keine festgelegten Wege, am besten hat sich aber die Plan - Do - Act Methode gezeigt. Dabei wirst Du zunächst einen Plan erstellen, wo 5S eingeführt werden soll und in welchem Zeitraum, dann die eigentlichen Aktionen planen und schließlich auch die Langfristigkeit sicherstellen.

5S vorbereiten (Plan)

Auch wenn die Versuchung groß ist, gleich in die Putzkammer zu rennen und alles aufzuräumen, solltest Du erst einmal einen Plan machen. Der kann beinhalten:

- Formulierung von Zielen und Phasen

- Einrichtung eines 5S – Projektteams

- Festlegung von 5S Bereichen

- Training für alle Mitarbeiter

- Aktionspläne und Projektstart

Formulierung der Ziele

Schreibe auf, was Du mit 5S eigentlich erreich willst. Am besten geht das mit einem Brainstorming und hierbei solltest Du bereits Mitarbeiter mit einbeziehen, die später auch das Projektteam bilden oder Teil des Teams sind. Dieser Prozess kann zunächst am besten auf einer Wand mit Notizzetteln gemacht werden, die Du dann sortierst. Ziele können sein:

- Verbesserung der Sicherheit in der Produktion.

- Verbesserung von Effektivität an Arbeitsplätzen.

- Schaffen einer besseren Identifikation der Mitarbeiter mit dem Unternehmen als Lebensraum.

Statt Ziele kannst Du auch Erwartungen aufschreiben: Was hoffst Du, verändert sich, wenn 5S eingeführt wird?

Einrichtung eines Projektteams

Du wirst einen 5S Prozess nicht allein stemmen können und deshalb braucht es ein Team, in dem die Mitglieder unterschiedliche Funktionen haben. Anders als bei großen Projekten brauchst Du hier kein eigenes Steering-Komitee, aber Du solltest mindestens ein Mitglied der Führungsebene in das Team berufen. Das zeigt Anteilnahme und dass man es auch " da oben" ernst meint.

Weitere Mitglieder können sein:

- Abteilungsleiter

- Mitarbeiter aus der Produktion

- Vertreter der Personalabteilung

- Sicherheitsbeauftragte

Du brauchst hier Personen, die Kompetenz mitbringen und gerne an diesem Projekt mitarbeiten wollen. Es ist keine Führungskräfte-Konferenz und deshalb sollte auch Diversität eine Rolle spielen. Involviere auf jeden Fall eine Person, die sich mit gesetzlichen Vorgaben für die Gestaltung von Arbeitsplätzen auskennt – Du willst schließlich keine Änderungen vornehmen, die dann doch wieder von der Berufsgenossenschaft einkassiert werden.

In größeren Unternehmen werden Planungs-Teams, Umsetzung-Teams und Audi-Teams eingerichtet, aber es lässt sich darüber streiten, ob das nicht eine Verschwendung von Ressourcen ist. In kleineren und mittleren Unternehmen reicht ein Projektteam vollkommen aus.

Festlegung von 5S-Zonen

Nachdem Du Dein Team eingerichtet hast, wirst Du den Mitgliedern zunächst eine Einführung in das 5S-System geben und auch Deine Ziele erläutern. Das kann in einer oder mehreren Besprechungen durchgeführt werden. Nimm Dir genügend Zeit dafür, denn Dein Team muss das Projekt auch verstehen.

Wenn alle wissen worum es geht, können die 5S-Zonen eingerichtet werden.

Es hängt sehr davon ab, was für ein Unternehmen Du hast. Gerade in Produktionsbetrieben und Fertigungsanlagen gibt es Bereiche, die eventuell unterteilt werden müssen.

Klassische Zonen sind:

- Gemeinschaftsräume

- Lager

- Büroräume

- Kaffeeküchen

- Arbeitsplätze in der Produktion

- Gemeinschaftlich genutzte Arbeitsplätze und Stationen

Am besten ist es, einen Plan zu zeichnen, der eine Ansicht Deines Unternehmens von oben zeigt und dann die Zonen einzurichten.

Hier ein Beispiel, wie das aussehen kann:

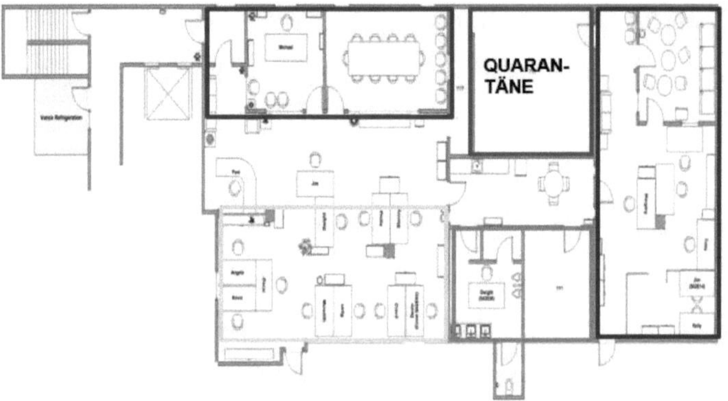

Abbildung 6: Grundrissbild eines Unternehmens mit Unterteilung in Zonen[18]

---

[18] Grundrissbild: Marco

Die Zonen werden eingerichtet, weil Du zum einen nicht alles gleichzeitig machen kannst, zum anderen aber auch weil verschiedene Abteilungen und Mitarbeiter betroffen sind. Die Büromitarbeiter werden andere Herausforderungen haben als solche in der Produktion oder im Lager.

Jede Zone wird dann einem Team zugeordnet und im Plan wird festgelegt, wann diese Zone in Angriff genommen werden soll. Je nachdem was für Mitarbeiter Du hast, können diese sich im Team selbst organisieren, einen Teamleiter festlegen oder Du bestimmst eine Person, die die Umsetzung koordiniert. Ob Du diese Person auch verantwortlich für das Team machst, hängt von Deiner Unternehmenskultur und Deinem Führungsstil ab. In teamorientieren Firmen hat der Leiter eher eine koordinierende Funktion, während das Team gemeinsam die Verantwortung übernimmt.

Training

In der Trainingsphase geht es darum, allen Mitarbeitern das Konzept von 5S nahezubringen. Am besten machst Du diese Trainings den Zonen entsprechend, denn dann können bereits erste Vorschläge von den am meisten Betroffenen gemacht werden. Auch wenn die Trainingsphase vor allem dazu dienen soll, ein Grundverständnis zu vermitteln und das 5S-Mindset zu verankern, kannst Du durchaus auch schon konkret werden.

Zu dem Wissen, das im Training vermittelt werden soll, gehören:

- die **Zonen** und **ihre Bedeutung**

- Einführung in die **Bedeutung von Sortieren, Säubern und ordentlichen Hinstellen**

- **Verwendung von Red Tags** und Einrichtung von **Quarantäne-Zonen**

- **Aktionspläne** und **Zeitplan**

Das Training sollte aber nicht nur mit den Mitarbeitern durchgeführt werden, die 5S am Arbeitsplatz ausführen, sondern auch mit dem Top Management und zum Beispiel dem Außendienst. 5S ist Teil der Unternehmenskultur und sollte deshalb auch allen vermittelt werden.

Für die Trainingsphase wirst Du je nach Unternehmensgröße einige Wochen einplanen müssen, wobei pro Zone zwei Tage Training reichen sollten.

Am Ende des Trainings werden dann Aktionspläne erstellt oder, wenn bereits vorhanden, noch modifiziert. Du solltest das Training auf jeden Fall nutzen, um mit den Mitarbeitern vor Ort noch einmal die Zeitpläne abzustimmen. Im Aktionsplan steht:

- welche Zonen eingerichtet wurden

- wann welche Zone in Angriff genommen wird

- welche Schritte unternommen werden (die ersten drei S zuerst)

- wer teilnimmt und wenn notwendig wer Teamleiter ist

Wenn die ersten drei Schritt beendet sind, wirst Du weitere Meetings einberufen, um sowohl die Standardisierung als auch die Aufrechterhaltung des Prinzips zu besprechen. Im Aktionsplan sind das am Anfang vor allem Platzhalter, die aber bereits Zonen und Mitarbeitern sowie einem Zeitfenster zugeordnet werden können.

Wenn das Training beendet ist und die Aktionspläne fertig sind, wird die Aktionsphase von 5S bekanntgegeben. Das kann per hauseigene E-Mail geschehen, besser ist es aber dieses Ereignis auch mit Bannern und anderen Schildern anzukündigen. Als Chef kommt es immer gut an, wenn Du zumindest in der ersten Zone mit Hand anlegst.

Ausführen von 5S (Do)

Nach der Planung kommt die Ausführung und das ist der Teil von 5S, der am meisten Spaß macht. Es schafft Gemeinschaft bei den Mitarbeitern, aber auch Klarheit und kann fast spielerisch das 5S System verankern.

Sortieren

Der erste Schritt ist das Sortieren. Bevor allerdings alle Mitarbeiter auf die entsprechenden Zonen losgelassen werden, sollten sie einige Grundregeln kennenlernen oder in Erinnerung gerufen bekommen:

Kriterien für das Aufräumen sind:

- wird das noch gebraucht?

- wie viel wird gebraucht?

- wann wird es gebraucht?

- wo wird es gebraucht?

Außerdem werden die Red Tags, die roten Karten, er-klärt. Eine solche Karte kann wie folgt aussehen:

Abbildung 7: Beispiel einer roten Karte

Für die Roten Karten gibt es weitere Bedingungen:

- ist der Gegenstand nützlich?

- wie oft wird er benutzt?

- wie viel davon wird benötigt?

Stelle sicher, dass Du eine ausreichende Zahl an roten Karten hast.

Dann wird die Quarantäne Zone eingerichtet, in der alle Gegenstände mit einer Roten Karte deponiert werden. Dafür eignet sich ein Meeting Raum, wenn er nahe genug ist, oder aber eine ausreichend große Fläche wird leergeräumt und dann zum Beispiel mit Absperrband markiert. Das Ganze kann durchaus dramatisch aussehen, das gibt dem Projekt nochmals eine größere Bedeutung.

Dann geht es ans Sortieren: Alles was sich in der Zone befindet wird in die Hand genommen, angeschaut und evaluiert. Kommen Zweifel auf, wird eine rote Karte ausgefüllt und der Gegenstand in die Quarantäne-Zone gebracht.

HINWEIS: Gleiche Gegenstände brauchen nur eine Karte. Wenn zum Beispiel noch Restposten eines Produkts im Lager stehen, das längst nicht mehr verkauft wird, dann können diese zusammengefasst werden.

Das Sortieren wird zwischen einem halben und einem Tag dauern, je nach Größe des Unternehmens und der Zone. Es ist gar nicht schlecht, die Quarantäne-Zone ruhen zu lassen und sich am nächsten Tag damit zu beschäftigen. Alle Gegenstände, die Rote Karten verpasst bekommen haben, verbleiben jetzt erst einmal wo sie sind und Du widmest Dich denen, die aussortiert wurden.

Der Prozess, damit umzugehen, ist wie folgt:

Rote Gegenstände	Aktion
Gegenstand hat keinen Wert und kann einfach entsorgt werden	Gegenstand sofort entsorgen
Gegenstand hat noch einen Wert, aber keine aktuelle Verwendung	Versuchen einen Abnehmer/Käufer zu finden, sonst entsorgen
Gegenstand hat keinen Wert mehr, aber die Entsorgung ist schwierig	Den günstigsten und schnellsten Weg zur Entsorgung finden
Gegenstand ist an der falschen Stelle	Gegenstand in die entsprechende Zone bringen oder vermerken, wo er hingehört

Tabelle 4: Umgang mit roten Gegenständen

Denke daran, dass aussortierte Gegenstände dokumentiert werden müssen und aus der Inventarliste ausgeschrieben werden müssen.

Stelle ordentlich hin

Die etwas holprige deutsche Übersetzung von Set in Order bedeutet, dass jetzt Ordnung geschaffen werden muss. Für diese Ordnung gibt es aber bestimmte Kriterien. Es geht nicht so sehr darum, dass alles hübsch aussieht (auch wenn das ein Plus ist), sondern dass alle Gegenstände und Maschinen effizient genutzt werden können. Der Prozess ist deshalb wie folgt:

Gegenstände	Aktion
Wird sehr häufig genutzt	Sollte immer in der Nähe sein, wo die Benutzung stattfindet
Wird seltener benutzt	Muss unmittelbar erreichbar sein
Wird selten benutzt	Kann in einem Lager untergebracht sein
Wird nie benutzt, muss aber aufgehoben werden	Muss in einem Lager archiviert werden

Tabelle 5: Verfahrensweise beim Ordnung schaffen

Der letzte Punkt bezieht sich vor allem auf Akten, die aufgehoben werden müssen, aber auch Prototypen oder zum Beispiel die Originale von Gießformen. Wichtig ist aber auch hier, dass die Dinge einen Wert darstellen.

Wenn diese grobe Sortierung fertig ist, kannst Du Dich daran machen, die Dinge vor Ort zu sortieren, zum Beispiel am Arbeitsplatz, in der Putzkammer oder im Lagerraum. Das grundlegende Prinzip der Sortierung liegt nicht so sehr darin, dass jene, die die Dinge täglich benutzen, wissen, wo sie sind. Es impliziert bereits die Standardisierung.

Gute Ordnung bedeutet, dass jeder weiß (und sieht), wo etwas zu finden ist.

Hierzu gibt es eine kleine Anleitung, die es etwas einfacher macht, Ordnung auch visuell darzustellen:[19]

- markiere Gegenstände in einem Aktenschrank mit einer Linie auf dem Rücken, so kannst Du direkt sehen, ob es eine Unterbrechung gibt

- jeder Gegenstand bekommt einen Namen und eine Nummer

- halte alles, was Du brauchst, griffbereit

- benutze Farbcodierungen

- stelle Gleiches zu Gleichem

- verschiedenes gehört in verschiedene Fächer/Regale

- stapel nichts, was nicht zusammengehört

- kleine Kartons für kleine Dinge

---

[19] Nik Abd Rahman, N. Z. (2005): 5S Guidebook - Step by Step Implementation, National Productivity Corporation, Malaysia, S. 32

- verwende Klarsichthüllen und transparente Kisten, um den Inhalt sichtbar zu machen

- benutze Werkzeugtafeln

Wie kann das in einem Büro aussehen?

- Aktenordner bekommen verschiedene Farben und werden den Farben entsprechend sortiert.

- Eingangsfächer bekommen für alle ein klares Farbschema und eine deutlich lesbare Beschriftung.

- Formulare werden in Ausgangsfächer gelegt, die ebenfalls unterschiedliche farbliche Markierungen haben und entsprechend der Nutzung aufgestapelt sind.

- Formulare in Schränken werden entsprechend der Nutzung aufgereiht. Häufig benutzte Formulare sind in Brusthöhe, selten genutzte in Überkopfhöhe. Solche mit Übergröße können weiter unten untergebracht werden. Die Regalbretter bekommen eine Beschriftung, welches Formular an welcher Stelle ist und eventuell auch eine

Farbmarkierung. Außerdem haben sie eine klare Beschriftung.

- Stempel bekommen auf der Oberseite ebenfalls eine farbliche Markierung und eventuell eine Zahl oder einen 2-Buchstaben-Code, so dass sie schneller zu greifen sind.

- Wenn unterschiedliche Stiftfarben (zum Beispiel bei Unterschriften) verwendet werden, sollten die Stifte selbst auch die Farbe haben (oder einen entsprechend farbigen Aufkleber).

- Schränke mit Schubladen können ebenfalls farbig gekennzeichnet werden. Sie nach Zahlen oder dem Alphabet zu ordnen, reicht oft nicht, wenn es mehrere Bereiche gibt. Wenn es zum Beispiel um Prospekte geht, kannst Du auch das Deckblatt des Prospektes oder ein Foto der Produktgruppe an die Schublade kleben.

- Am Kopierer sollte genügend Ersatzpapier stehen. Dann zeigt ein Schild und/oder das Kopiererdisplay an, wenn Papier nachgefüllt werden kann (zum Beispiel Minimum zwei Kartons).

- Weißes A4 Papier steht am nächsten, dann kommen andere Größen und Farben.

Säubern (Shine)

Wenn es ans Säubern geht, besteht oft ein größerer Erklärungsbedarf. Gerade in den Vorbereitungsmeetings ist es keine Seltenheit, wenn Du bei diesem Punkt gerade aus dem mittleren Management "Ich bin doch keine Putzfrau" hörst. Abgesehen davon, dass es auch Putzmänner gibt, geht es auch nicht darum, täglich das Büro zu reinigen.
Ein sauberer Arbeitsplatz hat mehrere Vorteile, die über die Sauberkeit hinausgehen.

Ein einfaches Beispiel sind Essensreste: Krümel fallen auf die Tastatur, Maiskörner von Salat am Mittag rollen hinter den Rechner auf den Boden, der Kaffee tropft auf den Boden. Das schafft einen unhygienischen Arbeitsplatz und kann zum Beispiel Ameisen anlocken, die sich dann wiederum im Rechnergehäuse einnisten und diesen zerstören können.

Ein sauberer Bildschirm stellt den Inhalt besser dar und ist besser für die Augen. Eine saubere Kaffeeküche vermeidet Schimmel und Bakterienwuchs. Das gilt insbesondere für gemeinschaftlich genutzte Kühlschränke.
Sobald Maschinen benutzt werden, kann Sauberkeit sogar lebenswichtig sein. Wer beim Ölnachfüllen vergisst,

übergelaufene Flüssigkeit gleich zu entfernen, kann darauf ausrutschen. Andere Flüssigkeiten können die Funktionen einer Maschine beeinträchtigen. Regelmäßige Reinigung ist auch bei einem Drucker oder einem Kopiergerät notwendig – das kann man auch von einer Spezialfirma machen lassen. Saubere Geräte halten auch wesentlich länger, was sich günstig auf die Kosten auswirkt.

Im 5S-Prozess wird beim ersten Mal gemeinsam sauber gemacht. Der Grund liegt darin, dass Du damit allen Mitarbeiter zeigen kannst, welche Bereiche gereinigt werden müssen und man gemeinschaftlich ein Gespür dafür bekommt, wo Dreckecken sind. Du kannst bei den ersten Saubermach-Tagen auch gerne den Leiter der Putzkolone mit einbeziehen, weil dieser große Teile des Shine-Prozesses auch später mit umsetzen wird.

Im Disziplean-Blog beschreibt Roman Ungern-Sternberg, wie man von der Ordnung zu Hause auf die im Unternehmen schließen kann:[20]

"Arbeiten und Säubern gehören zusammen. Genauso wie Kochen und Abspülen. Warten Sie mit dem

---

[20] Ungern-Sternberg, R. (2014): Die Domestic Lean Goddess zeigt in 5 Schritten wie Sie Ihre Küche auf Vordermann bringen. URL: https://disziplean.de/5s-video-lean-goddess/ [Stand: 24-02-2019]

Abspülen nicht bis es eingetrocknet ist, sondern spülen Sie schon während dem Kochen. So können Sie Wartezeiten geschickt nutzen und müssen nachher nicht mehr so viel Spülen.

In der Industrie bedeutet dies vorausschauende Wartung oder einfach, dass Sie ordentlich arbeiten. Im Bad, dass Sie zweimal täglich die Zähne putzen und nicht erst wenn es Karies gibt :-).”

Du hast bereits die Zonen für 5S ausgewiesen. Für die Shine-Phase wirst Du sie meistens noch einmal unterteilen müssen, vor allem was Verantwortlichkeiten angeht. Während das Sortieren seltener passiert und das ordentlich Hinstellen nur ein kleiner Handgriff ist, wird beim Saubermachen etwas Zeit investiert werden müssen. Du kannst zwei Arten von Shine-Zonen definieren:

- der persönliche Arbeitsplatz

- gemeinschaftlich genutzte Bereiche

Außerdem wirst Du gemeinsam mit Deinen Mitarbeitern festlegen müssen, wann und wie oft gereinigt werden muss.

Persönlicher Arbeitsplatz

Hier ist die Person verantwortlich, die dort arbeitet, sei es am Schreibtisch oder einer Maschine, am Empfang oder als Lastwagenfahrer. Der Arbeitsplatz sollte täglich gereinigt werden, am besten kurz vor Ende des Arbeitstages (allerdings besteht hier die Gefahr, dass man es "vergisst", weil man noch eine Arbeit fertig machen musste).

Für die Reinigung sollten auch die entsprechenden Mittel zur Verfügung stehen, zum Beispiel ein Tuch, Reinigungsmittel und ähnliches. In den meisten Büros übernimmt das der Putzdienst, zumindest was die Schreibtische angeht. Dennoch bleibt auch genug Arbeit für die Mitarbeiter übrig, zum Beispiel in Hinsicht auf die Schubladen.

Hilfreich ist es, eine Checkliste gemeinsam zu erarbeiten, in der die jeweiligen Reinigungsaufgaben aufgeschrieben werden.

Gemeinsam genutzte Bereiche

Bei der Einführung der 5S-Methode gehst Du mit den Mitarbeitern, die in einer bestimmten Zone arbeiten, durch den Bereich und ihr legt fest, welche Arbeiten gemacht werden müssen. Solche Bereiche werden meist einmal im Monat sauber gemacht. Am besten legt ihr einen bestimmten Tag fest, zum Beispiel den letzten Freitag im Monat. Fällt dieser auf einen Feiertag, wird der nachfolgende Freitag genommen.

Beobachten

Du wirst beim Reinigen immer wieder Verbesserungspotenzial feststellen, was die Prozesse Sortieren und Sauber hinstellen angeht. Der Shine-Prozess ist Teil Deines Audits, denn durch die Regelmäßigkeit kann 5S immer wieder verbessert werden.

> **BEISPIEL:**
>
> In einem Webdesign-Büro saßen Mitarbeiter sich in zwei Tisch-Reihen gegenüber. Zwischen den Reihen war ein Spalt, durch den die Kabel liefen. Während in den ersten beiden S-Phasen dieser Bereich als ordentlich und gut sortiert empfunden wurde, stellte sich beim Reinigen heraus, dass die Kabel willkürlich gelegt wurden, es ein Gewirr an Kabeln gab. Das sorgte zum einen dafür, dass sich Staub einfacher ablagern konnte und die Kabel schwieriger zu reinigen waren. Es machte aber

auch den Austausch von Kabeln und Geräten schwieriger: Es dauerte lange erst mal herauszufinden, wo der Netzstecker eingesteckt war und ihn dann zu entwirren. In einer einmaligen Aktion wurden mit einfachen Kabelbindern alle Kabel eines Arbeitsplatzes zusammengebunden und dann in einem Strang herunter geführt, wo sie in beschriftete Steckdosen eingesteckt wurden oder aber in einem Kabelschacht verschwanden.

Ursachen beseitigen

Wenn Du am Saubermachen bist, wirst Du auch wie im obigen Beispiel beschrieben die Ursachen feststellen können. Shine dient auch dazu, Ursachen zu finden und zu beseitigen. Denn bei 5S geht es nicht darum, einmalig tätig zu werden, sondern in einem kontinuierlichen Prozess zu arbeiten, der ständige Verbesserung beinhaltet.

In größeren Unternehmen werden bei allen Shine-Maßnahmen Protokolle geführt, die dann in Berichte umgewandelt werden und schließlich dem Projektmanager zugestellt werden. Du musst aber nicht für jede Ursache, die beseitigt werden kann, ein Protokoll erstellen. Manchmal reicht es gerade in kleineren Firmen eine Ursache zu erkennen und dann das Problem zu lösen. Nur bei größeren Investitionen wirst Du einen etwas umfang-

reicheren Plan machen müssen. Diese können zum Beispiel Umbauten in Montagehallen sein, wenn man fest-
stellt, dass wichtige Bereiche einer Hebebühne nicht
gereinigt werden können, weil der Platz zu gering ist, eine
Reinigung aber die Lebensdauer der Hebebühne verlän-
gert.

Zum Bereich der Ursachenbehebung gehört auch die
Reparatur. Wann immer festgestellt wird, dass ein Gerät
defekt ist, muss es sofort notiert und umgehend repariert
oder ausgetauscht werden. In der japanischen Lean-
Produktion ist die sofortige Behebung von Fehlern ein
zentraler Bestandteil. Man geht davon aus, dass Fehler
akkumulieren und die Verluste, die sie mit sich bringen,
wenn sie nicht gleich behoben werden, größer sind als
ein momentaner Stillstand der Produktion, um den Fehler
zu verbessern.

Auch im Büro wird es Geräte geben, die Defekte haben:
Der Kopierer, der immer wieder Blätter frisst, der Akten-
vernichter, der oft stockt, der Kühlschrank, dessen Eis-
fach nicht mehr abtauen will. Diese kleinen Defekte allein
werden Deine Firma nicht in den Ruin treiben, aber die
Summe aller Fehler und Verzögerungen im Arbeitsablauf
sind ein nicht unerheblicher Kostenpunkt.

Standardisieren

Wenn Du die ersten 3 S-Schritte durchgeführt hast, wirst Du eine Menge gelernt haben. Du kennst die Schwachstellen, wirst gesehen haben, wo Du etwas verbessern kannst und auch ein Gefühl dafür bekommen haben, ob zum Beispiel die Zonen die richtige Größe haben. Aus all diesen Erfahrungen wirst Du jetzt Standards ableiten.

Sie sollen sicherstellen, dass in Zukunft die Erfahrungen in den ersten 3 S umgesetzt werden und in jedem Zyklus wiederverwendet werden. Am besten geht das mit Checklisten, die am Ort des Geschehens angebracht sind, als vor allem am Arbeitsplatz.

Diese können **Verantwortlichkeiten** beinhalten:

- Wer ist für diesen Arbeitsplatz oder Bereich verantwortlich?

- Was muss gemacht werden, um den Arbeitsplatz in Ordnung zu halten?

- Wann müssen diese Tätigkeiten durchgeführt werden?

- Welcher Bereich ist darin eingeschlossen?

- Welche Prozeduren sind notwendig?

Weitere Dinge sind:

- Regeln für die Inventarisierung und Entnahmen aus Lagerbeständen

- Benutzung von Gemeinschaftsbereichen

- Regeln, wie gereinigt wird

- Wartungszyklen

- Tagesaufgaben, die sich auf die 3 S beziehen

Die Standardisierungen sollen vor allem einen reibungslosen Betrieb ermöglichen. Je mehr Standards es gibt und je besser sie eingehalten werden, umso weniger Aufwand wirst Du für die 3 S in der Zukunft haben. Oftmals haben diese Standards auch Auswirkungen auf andere Bereiche der Firma: Sie sind recht einfach zu erlernen und zu verstehen, erleichtern damit aber auch den Zugang zu anderen Veränderungen im Unternehmen, vor allem wenn es sich um Lean Production und die Kaizen-Philosophie handelt.

Das Motto der Standardisierung ist: Jeder macht es auf die gleiche Art und Weise.

Wie sieht das aber konkret aus?

In vielen Fällen werden Standards durch Visualisierungen erreicht. Eine einfache Version ist das Schild in Toiletten, nichts ins Klo zu werfen, was dieses verstopfen könnte. In Betrieben, in denen es auf die Hygiene ankommt, gibt es Schilder, die daran erinnern, dass man sich die Hände wäscht.

Abbildung 8: Beispiel für Standard durch Visualisierung

Eine andere Methode ist, Aktenordner farblich zu sortieren. Alle zusammenhängenden Bereiche bekommen eine eigene Farbe. Das kann zum Beispiel sein:

- Zahlungseingänge grün

- Zahlungen rot

- Rechnungen grün

- Lieferscheine gelb

Die einzelnen Aktenordner können dann noch nach Jahren oder Monaten sortiert werden. Bei der Aktion geht es darum, dass schnell optisch erfasst werden kann, wo sich etwas befindet.

In einem Lagerraum werden zunächst ebenfalls zusammenhängende Dinge erfasst: Alle Stifte und Schreibutensilien liegen nebeneinander, alle Papiere liegen zusammen, ebenso wie alle anderen Büromaterialien wie Hefter und Büroklammern. Jedes Fach oder Regal kann entweder ebenfalls eine farbliche Markierung bekommen, um auf Anhieb zu sehen, wie weit sich welcher Bereich erstreckt, oder aber mit Schildern, die – am besten mit einem Foto – darstellen, was sich in einem Regal oder Fach befindet. Du kannst auch Hinweise zur Benutzung anbringen, zum Beispiel "Papier immer von oben entnehmen" oder "Nachfüllen, wenn weniger als 10 Stück in der Box". Hilfreich können auch farbige Markierungen sein, die anzeigen, wann etwas nachbestellt werden muss – zum Beispiel zeigt eine rote Linie an der Seite an, wann das Minimum für einen Papierstapel erreicht ist.

Um festzustellen, wer für einen Bereich verantwortlich ist, kann ein Schild mit dem Namen der Person, vor allem aber auch mit seinen oder ihren Kontaktdaten angebracht werden. Ein Beispiel aus der Praxis:

Gerade bei gemeinschaftlich genutzten Geräten und Einrichtungen herrscht in mittleren und großen Unternehmen oft Verwirrung, wer für etwas zuständig ist. Eine kontinuierliche Verbesserung kann aber nur dann erfolgreich sein, wenn sie auch schnell von den richtigen Personen umgesetzt werden kann. Nur so vermeidest Du Aussagen wie "Jemand sollte mal die Lampe im Aufzug reparieren" oder "Der Kühlschrank sollte mal abgetaut werden." Wenn klar ist, wer zuständig ist, kann auch schnell Abhilfe geschaffen werden.

Übrigens können diese Verantwortlichkeiten auch wechseln. Gerade bei gemeinschaftlich genutzten Geräten ist es von Vorteil, wenn immer mal jemand anderes das Gerät betreut. Entsprechend muss dann aber das Namensschild am Gerät ausgetauscht werden (was wiederum bei der Erstellung zu beachten ist: Am besten hier eine Einsteckhülle und keinen Aufkleber verwenden).

Wenn Du in einem größerem Maßstab Schilder und Hinweise einführen willst, kannst Du auch Dienste in Anspruch nehmen, die auf diese Herstellung spezialisiert sind. Wenn Du 5S Schilder googlest, wirst Du eine Fülle von Firmen finden, die eigens für diesen Zweck Lösungen parat haben. Sie haben Standardschilder, bieten aber auch individualisierbare Lösungen an. Eine sinnvolle Anschaffung könnte auf jeden Fall ein Beschriftungsgerät sein, mit dem kleine Aufkleber produziert werden können.

Bei allen Standards musst Du immer im Hinterkopf behalten, dass sie zwar nicht für die Ewigkeit, doch aber für einen mittelfristigen Zeitraum eingerichtet werden sollen. Auch wenn Lean bedeutet, dass man Fehler erkennt und beseitigt, heißt das nicht, dass gleich alle Standards in Frage gestellt werden. Versuche sie soweit es geht einzuhalten, denn die Standards sind es, die das 5S Konzept letztlich zum Erfolg werden lassen.

Selbstdisziplin (Sustain)

Der letzte Schritt bei 5S ist der schwierigste. Jetzt geht darum sicherzustellen, dass alle Maßnahmen auch dauerhaft implementiert werden. Bei den ersten 3 S wird es Deinen Mitarbeiter noch eine Menge Spaß machen, gemeinsam einmal das Lager aufzuräumen und eine Ordnung herzustellen. Selbst die Standardisierung-Workshops sind motivierend, weil man hier auch kreativ werden kann und aktiv an Veränderungen mitarbeitet. Dann aber kommt der Alltag. Jetzt gilt es die Maßnahmen Tag für Tag, Woche für Woche umzusetzen. Und das ist nicht einfach.

In der 5S Literatur, vor allem der amerikanischen, wirst Du Ratschläge finden wie:

- Poster

- Banner

- Newsletter an die Mitarbeiter

- Regelmäßige Ansprachen

- Belohnungen und Zielsetzungen

In Deutschland werden solche Kampagnen oft mit etwas Zurückhaltung aufgenommen. Viele haben noch die Parteibanner der DDR in Erinnerung, auf denen zur Leistungssteigerung aufgerufen wurde. Solche Slogans bringen hier nicht die gewünschte Wirkung. Hinzu kommt, dass Werbeposter ohnehin nur einen geringen Erinnerungswert haben, wenn sie nicht ständig penetriert werden. Du willst aber Deine Firma auch nicht mit Parolen pflastern.

Etwas sinnvoller sind Rundschreiben, die an die 5S-Prinzipien erinnern. In diesen kannst Du vor allem auch darstellen, was bereits erreicht wurde:

- Welche Zonen und Bereiche wurden umgestellt?

- Wie viel Zeit wurde durch Optimierung eingespart?

- Welche Kosten wurden gespart?

Hilfreich sind auch kleine Beiträge von Mitarbeitern, zum Beispiel im Firmenblog, wie 5S ihren Arbeitsplatz verändert hat. Wichtig dabei ist aber, dass sie authentisch sind. Wenn die Mitarbeiter einen Vorschlag zur Verbesserung haben, dann sollte sie diesen ebenfalls im Blog äußern dürfen. Du kannst auch mit kleinen Videos (deine Handykamera reicht völlig) zeigen, wie sich etwas verändert hat. Deshalb ist es so wichtig, auch vor der 5S-Einführung bereits Aufnahmen gemacht zu haben.

Mit gutem Beispiel vorangehen und transparent erläutern, welche Ergebnisse das 5S-Projekt bereits gebracht hat bildet das Fundament der Selbstdisziplin. Mitarbeiter wollen gerne so wie andere sein und deshalb sind gute Beispiele so wichtig.

Eine Methode wie 5S lässt sich nicht mit Befehlen und Anordnungen umsetzen. Vielmehr solltest Du Dir immer wieder die Kaizen-Philosophie ins Gedächtnis rufen.

"Ständige und immer andauernde Verbesserung durch eine mitarbeiterorientierte Führung"

Bei einem mittelgroßen Unternehmen sollten die unteren Gliederungen selbstständig und gemeinsam an der Selbstdisziplin arbeiten können. Die besten Ideen nützen nichts, wenn die Mitarbeiter sie nicht auch selbständig umsetzen können und dürfen.

Das Institut für angewandte Arbeitswissenschaft hat in einer Studie eine Methode entwickelt, um die Nachhaltigkeit von 5S auch sicherzustellen. Dieses Vorgehen wurde aus einer Methode abgeleitet, die der "Koblenzer Kreis" (eine interdisziplinäre Arbeitsgruppe, der vem.die arbeitgeber, METALL NRW, Hessenmetall und das ifaa angehören) zur Analyse der Führungskultur in Unternehmen entwickelt hatte. Durch die 360°-Analyse erhält man eine umfassende Reflektion des bislang realisierten 5S-Outputs. Hierbei finden sich das Feedback der Geschäftsführung, dem Management und der Mitarbeiter wieder. Auf der Basis der dieser Rückkoppelung werden strukturell Handlungsfelder und Optimierungsmaßnahmen abgeleitet, um letzten Endes nachhaltig die 5S-Maßnahmen in der Organisation zu implementieren. Darüber hinaus finden sich neben den operativen Maßnahmen auch strategische Handlungsfelder wieder, um so den nachhaltigen Erfolg der 5S-Aktivitäten zu gewährleisten.[21]

Im Mittelpunkt des Verfahrens stehen die Bewertungen

    (a) der **Erfahrungen** während der Einführung von 5S,

    (b) der dadurch erzielten **Ergebnisse** und

---

[21] ifaa (2018): Förderung der Nachhaltigkeit von 5S-Maßnahmen mit der „360°-Analyse" des ifaa, IFAA Newsletter, April 2018

(c) aller Aktivitäten, die zur **Kontrolle, Aufrechterhaltung und Weiterentwicklung** von 5S unternommen werden.

Zu diesen drei Kategorien werden jeweils knapp ein Dut-
zend Fragen in Form eines anonymisierten Fragebogens
gestellt, die meisten davon quantitativ auf einer vierstu-
figen Skala von "trifft nicht oder nur kaum zu" bis "trifft
umfassend zu". Dieser Fragebogen wird jeweils von an
den 5S-Maßnahmen beteiligten Mitarbeitern und Führungskräften ausgefüllt. Alle Fragebögen werden an-
schließend ausgewertet und für jede Frage die Verteilun-
gen der Antworten sowie Mittelwerte dazu errechnet.

Die Bezeichnung **360°-Analyse**[22] leitet sich davon ab, dass
die visualisierten Ergebnisse der quantitativen und quali-
tativen Auswertungen in großer Runde mit Mitarbeitern
sowie mit Führungskräften besprochen werden. Dies
erfolgt vor dem Ziel, unterschiedliche Wahrnehmungen
zu Umsetzung, Ergebnissen und Nachhaltigkeit von 5S-
Maßnahmen herauszufinden.

---

[22] ifaa (2018): Förderung der Nachhaltigkeit von 5S-Maßnahmen
mit der „360°-Analyse" des ifaa, IFAA Newsletter, April 2018

Mit dieser Methode kannst Du immer wieder überprüfen, wie gut 5S implementiert wurde. Du wirst aber nach der Einführung die Fragen etwas abändern müssen, denn es werden natürlich weniger neue Kenntnisse geschaffen, dafür kann es sein, dass die Routinen einige Probleme bereiten.

Ein solcher Fragebogen kann wie folgt aussehen:

Aussage	sehr gut	gut	befrie-digend	weniger gut	eher schlecht
Das Un-terneh-men hat mit 5S …. erklärt					
Das Ein-führungs-seminar war:					
Ich habe 5S danach … ver-standen					
Die Auftei-lung in					

Zonen war					
Die Ein-bindung der Mitar-beiter ins Projekt war					
Die Füh-rung ist ... motiviert und macht mit bei 5S					
5S ist für meinen Arbeits-platz					
Meine tägliche 5S Routine ist					

Tabelle 6: Beispielhafter Fragebogen zur 360°-Analyse

Du kannst noch beliebig viele Fragen einfügen und auch das Wertungssystem selbst bestimmen (es sollte aber mindestens vier Kategorien geben). Bei der Auswertung kannst Du Mittelwerte erstellen, um zu prüfen, ob das Projekt in die richtige Richtung geht. Beobachte aber auch gründlich, was sich an den Rändern abspielt. Wenn mehr als 10 Prozent im Klatt negativen Bereich sind, solltest Du eingreifen und herausfinden, wo die Probleme liegen. Denn aus den 10 Prozent können in einem Unternehmen schnell 20 und 30 Prozent werden, wenn sich bestimmte Probleme herumsprechen und nicht gelöst werden.

Im System von Plan Do Act – wobei Act für die Selbstdisziplin steht – kannst Du Dir noch **sieben Regeln** merken, die hilfreich sein können, um 5S dauerhaft zu implementieren:

- Mach aus den 5S Maßnahmen eine Gewohnheit.

- Vergleiche immer die tatsächlichen Ziele mit den gesteckten Zielen.

- Belohne und erkenne die Bemühungen der Mitarbeiter an.

- Nimm Teil an Workshops und Wettbewerben zu 5S.

- Überprüfe dauernd den Plan-Do-Act-Zyklus.

- Führe interne 5S Audits durch.

- Lass Dich und Dein Unternehmen zertifizieren.

Gerade der Vergleich mit anderen Unternehmen kann einen Motivationsschub geben. So zeichnet das Kaizen Institut regelmäßig Firmen aus, die hervorragende Leistungen vollbracht haben. Im Januar 2018 wurden zum Beispiel die Elektronikwerke von Continental als "Best in class" ausgezeichnet. Das bedeutet, dass man 95 Prozent der zu vergebenen Punkte vom Institut erreichte. Allerdings solltest Du Dich natürlich nicht auf Deinen Lorbeeren ausruhen, sondern das als Ansporn sehen, um weiterzumachen.

7. 5S-Zertifizierung

Du kannst Dich als Unternehmen, aber auch als 5S-Auditor zertifizieren lassen. Diese Zertifizierung hat zwar keine gesetzliche Grundlage und es gibt auch keine DIN-Bezeichnung für 5S, dennoch kann es aber nicht schaden, mit einem Zertifikat auch die Kompetenz nachweisen zu können, die Du in Lean Management und 5S erworben hast.

In der Regel wirst Du einen Workshop besuchen, der sich über einige Wochen erstrecken kann (meistens an Wochenenden) oder als Kompaktseminar angeboten wird. Darin lernst Du die Grundlagen von 5S, wirst aber auch viele Praxisbeispiele bekommen. Solche Workshops werden oft von erfahrenen Auditoren durchgeführt, die in der Praxis Unternehmen bei der Einführung und Überprüfung von 5S begleiten. Es gibt solche Kurse übrigens auch online, zum Beispiel kannst Du bei https://www.qualitaetsmanagement.me/e_learning_kurse/5s_produktion/ einen Kurs machen, wie man 5S in der Produktion anwendet.

Eine andere Form des Zertifikats ist der 5S-Auditor. Auch hierbei handelt es sich nicht wirklich um einen Ausbildungsberuf. Als Auditor wirst Du von einem Unternehmen beauftragt, die Einführung und Umsetzung von 5S zu überwachen und zu kontrollieren. Firmen wie die KVP bieten solche Seminare an. Als Auditor kannst Du aber nicht nur andere Firmen untersuchen, sondern vor allem auch in Deinem Unternehmen selbst 5S besser überwachen. Du wirst lernen, wie Du den Umsetzungsgrad von 5S in Deiner Firma messen kannst, wie und wann Audits durchgeführt werden und welche Ressourcen dafür benötigt werden.

Solche Ausbildungen und Weiterbildungen solltest Du am besten machen, bevor das 5S Projekt in Angriff genommen wird. Mit diesem Buch hast Du bereits die wesentlichen Grundlagen gelernt, aber in einem Seminar kannst Du Dich auch mit anderen Teilnehmern austauschen und der Seminarleiter kann auf spezifische Fragen zu Deinem Unternehmen eingehen. Deine Mitarbeiter werden es ebenfalls positiv sehen, wenn Du Dich selbst in die Materie eingearbeitet hast und nicht einfach einen externen Berater holst.

Das Thema "Selbst machen oder Hilfe von außerhalb" wird oft in Zusammenhang mit 5S und Lean aufgebracht. Gerade bei der 5S Methode wirst Du aber kaum einen Berater brauchen. Wenn Du ein kleines oder mittleres

Unternehmen führst, kann ein 5S Projekt ohne große Probleme selbst eingeführt werden.

Die Vorteile sind:

- Stärkere Identifikation der Mitarbeiter mit "ihrem" Projekt

- Kosten sparen

- Unabhängigkeit von Beratern

- In der Lage sein, eigene Problemlösungen zu finden

- Nachhaltigere Implementierung durch Selbsterkenntnis

Berater sind dann sinnvoll, wenn 5S in einem großen Maßstab eingeführt werden soll. Sie haben dann meistens die Rolle eines Projektmanagers, der die Einführung eher organisiert und koordiniert. Solche Berater können auch ein internes 5S-Training durchführen und gerade die Mitarbeiter fortbilden, die dann in ihren Bereichen 5S einführen.

BEISPIEL:

Die Firma ST Koneistus, ein Unternehmen in Finnland, das bereits ISO9001 (Qualitätsmanagement) und ISO14001 (Umweltmanagement) zertifiziert war, wollte noch weiter gehen und nebenbei auch die 5S Methode einführen. Man hatte beschlossen, diesen Prozess weitgehend selbst durchzuführen und die Vorbereitung in mehrere Phasen zu unterteilen:

1. Informationen zusammenstellen

Die Beteiligten am Projekt suchten im Internet aber auch in Studien und in Büchern nach möglichst vielen Informationen zum Thema. Hilfreich war, dass man einen Studenten zur Hand hatte, der über das Projekt eine Masterarbeit schrieb und gerade beim Nachforschen helfen konnte.[23]

2. Firmen besuchen

Eine der erfolgreichsten Maßnahmen war, andere Firmen zu besuchen, die bereits 5S eingeführt hatten. "Egal wie viel wir gelesen haben und wie viele Informationen wir aus den Texten bekamen, die besten Hinweise gab es immer noch von den Men-

---

[23] Pirttijoki, V. P. (2013): Introduction and implementation of the 5S-operationmodel for ST-Koneistus Ltd

schen, die bereits mit dem System gearbeitet hatten", schrieb Veli-Pekka Pirttijoki, Ersteller der Studie.

Man hatte zwei Firmen besucht, die in der gleichen Branche tätig waren und vor über einem Jahr 5S eingeführt hatten. Alle Beteiligten waren sich einig, dass diese Besuche sehr hilfreich bei der Einführung im eigenen Unternehmen waren. Denn Besuche dieser Art haben den Vorteil, dass man vor Ort sehen kann, wie 5S aussieht und es damit auch sichtbar und begreifbar machen. Außerdem können Mitarbeiter sich mit den Arbeitskräften vor Ort austauschen und Fragen stellen, wie der Alltag mit 5S aussieht. Solche Erfahrungen überzeugen mehr als Präsentationen. Solltest Du also die Möglichkeit haben, andere Firmen zu besuchen, dann solltest Du diese Gelegenheit auf jeden Fall wahrnehmen.

Man fühlte sich dann gewappnet, mit der Einführung zu beginnen – zunächst in Meetings mit den Führungskräften, um ihnen einen Überblick zu geben. In der zweiten Phase wurde das 5S-Projekt dann gemeinsam allen Mitarbeitern vorgestellt. Allerdings wurde vom Management schließlich entschieden, nur ein Testprojekt in der Produktion zu starten und auch das ließ über ein Jahr auf sich warten. Erst der Wechsel des CEO und die Einstellungen eines Projektleiters machten es schließlich möglich. 5S wurde in drei Pilotprojekten eingeführt und die Ergebnisse waren zufriedenstellend.

Ziel der Einführung war gewesen, dass man sich der wertlosen Dinge und Prozesse entledigen wollte. Zeitraubende und unnütze Tätigkeiten waren lange Zeit ein Problem für das Unternehmen gewesen und das 5S-Programm war eine wirksame Methode, um von alten Gewohnheiten abzulassen. Die Ergebnisse in den drei Pilotprojekten machten Mut und waren ein guter Ausgangspunkt, um das System im ganzen Unternehmen einzuführen. Dabei schaffte man es, weitgehend im Zeitplan zu bleiben. Die einzigen wirklichen Probleme tauchten zu Beginn auf. Man wusste nicht so recht, wo man eigentlich anfangen sollte. Als aber das Projekt in Schwung kam, lief es problemlos.

8. Zusammenfassung

Die 5S Methode ist ein einfacher Weg, um sich mit den Grundlagen von Lean zu beschäftigen und gleichzeitig etwas Ordnung in die Firma zu bringen. Sie ist kein Allheilmittel, aber sie hat definitiv Effekte, vor allem wenn sie über längere Zeit implementiert und angewendet wird. Die Firma General Electric hatte in einer Umfrage herausgefunden, dass 70 Prozent der befragten Unternehmen nicht wirklich wissen, wann Geräte gewartet oder generalüberholt werden müssen. Das führte zum Teil zu Ausfällen, die schnell 250.000 Dollar pro Stunde kosteten. Zunehmend kommt 5S auch Technologie zur Hilfe: Sensoren melden automatisch, wann eine Wartung gemacht werden muss und Dank künstlicher Intelligenz kann heute schon vorhergesehen werden, wann ein Gerät ausfallen könnte – auch außerhalb der Wartungszyklen.[24]

Solche Technologien sind aber nur dann sinnvoll, wenn es überhaupt ein Bewusstsein dafür gibt, dass 5S und die Grundlagen dafür richtig und notwendig sind. Sie allein

---

[24] CB Insights (2019): AI Trends to watch in 2019. URL: https://www.cbinsights.com/research/ai-trends-2019/ [Stand: 03-03-2019]

schaffen keine Nachhaltigkeit, schon deshalb, weil auch diese Systeme gewartet und ständig mit Updates versehen werden müssen.

Auch wenn dieses Buch Dir vor allem die Vorteile von 5S erklärt, sollen auch die Nachteile zu Wort kommen. Denn 5S birgt bestimmte Gefahren in sich, die Du zumindest kennen solltest.

Bürokratisierung

Es wird Dir beim Lesen des Buches vielleicht schon aufgefallen sein, dass 5S auch ein einen gewissen Anteil an Bürokratie und Verwaltungsaufwand mit sich bringt. Es werden eine Menge neue Formulare erstellt und alles wird beschildert. Je größer ein Unternehmen umso größer ist auch die Gefahr, dass der Verwaltungsaufwand durch 5S dessen Zeitersparnis wieder auffrisst. Du musst es aber nicht so weit kommen lassen: Denke bereits bei der Planung daran, dass auch 5S nur ein Werkzeug ist, dass effektiv sein muss. Versuche den Aufwand auf ein Minimum zu reduzieren. Die Erfahrung hat gezeigt, dass gute Visualisierung meistens eine Menge Schreibarbeit erspart. Weniger ist mehr, bei der Beschriftung von Schildern.

Zu viele Standards

Auch hier ist 5S nur Mittel zum Zweck. Standards sind dort sinnvoll, wo etwas von mehreren Menschen benutzt wird. Keinesfalls solltest Du aber damit kreative Prozesse zunichtemachen. Ein – vielleicht etwas übertriebenes – Beispiel wäre, eine Zettelwand mit Ideen für neue Produkte nach Farben und Alphabet zu sortieren. Es muss auch nicht alles unbedingt einem Standard folgen. Auch ist die Kaffeeküche wieder ein gutes Beispiel: Eine Grundordnung ist sinnvoll, aber es braucht keine Betriebsanleitung für die Benutzung des Raumes.

Zu viele Standards können Mitarbeiter demotivieren, vor allem wenn sie als Regeln empfunden werden, die sie befolgen müssen. Deshalb ist es auch so wichtig, dass Du die Mitarbeiter bei der Formulierung der Standards mit einbeziehst.

Keine Ursachenbekämpfung

5S wird manchmal vorgeworfen, dass es nicht die Ursache der Unordnung und der Verschwendung beseitigt, sondern lediglich die Symptome bekämpft. Das ist nur teilweise richtig: Die Standardisierung wird in der Tat tieferliegende Ursachen adressieren und Prozesse verändern. Aber 5S ist eben auch nur ein kleiner Teil eines Lean Prozesses und war ursprünglich für Arbeitsplätze in der industriellen Fertigung eingesetzt worden. Du wirst damit allein nicht strukturelle Probleme lösen. 5S ist gerade bei Dienstleistern ein schneller und einfacher Einstieg in Lean und Agile, weil es so anschaulich ist. Wenn Du aber nach wie vor Dein Unternehmen von oben nach unten führst und wenig Teamarbeit vorhanden ist, wirst Du auch mit 5S nichts verändern können.

Ein anderes Themenfeld sind Ursachen, die 5S vielleicht aufdecken kann, die Du aber nicht beheben kannst: in den meisten Fällen sind das gesetzliche Vorschriften, die zwar eingehalten werden müssen, aber nicht immer sinnvoll sind und schon gar nicht effizient.

Wenig Flexibilität und viel Routine

Eigentlich willst Du mit 5S Routinen einführen, das ist der ganze Sinn der Standards. Und trotzdem können Routinen auch etwas Gefährliches sein: Es kann passieren, dass Du nicht mehr ständig verbesserst, sondern mit den Standards zufrieden bist. Zu viele dieser Standards und die damit verbundenen Routinen können manche Mitarbeiter auch auf die Dauer langweilen. Wer den halben

Tag damit beschäftigt ist, Regeln einzuhalten, wird irgendwann abstumpfen. In einem durchschnittlichen Büro ist das weniger der Fall, aber bei Produktionsfirmen und dort wo Lager eine Rolle spielen, kann das durchaus ein Problem werden. Dem kannst Du vor allem damit begegnen, regelmäßige Audits zu machen, die auch untersuchen, ob die eingeführten Maßnahmen immer noch richtig und sinnvoll sind.

Regeln haben eben auch den Nachteil, dass sie sich nicht leicht an veränderte Umgebungen anpassen lassen. Ein Beispiel ist die Anordnung von Werkzeugen an einem Arbeitsplatz: Alles ist griffbereit in der Nähe, ordentlich aufgereiht und in der Standardphase fotografiert worden. Jeder Arbeitsplatz soll so aussehen. Das funktioniert solange, bis ein Linkshänder am Tisch sitzt. Eine andere Veränderung mit Auswirkungen auf 5S wäre die Einstellung von Putzhilfen: Hier funktionieren die internen Anweisungen nicht mehr, denn meisten kommen diese Firmen mit wechselnder Besetzung und bisweilen kann es auch sein, dass Schilder von den Putzkräften nicht verstanden werden. Richte Dich also darauf ein, dass es immer wieder Situationen geben kann, in denen vor allem die Standards überdacht werden müssen.

Maximilian Tündermann

Checkliste für 5S

Planung

- ➢ Warum willst Du 5S einführen?
- ➢ Was erhoffst Du Dir von 5S?
- ➢ Wo soll es eingeführt werden?
- ➢ Was ist der Zeitrahmen für die Einführung?
- ➢ Welche Mitarbeiter brauchst Du im Team?
- ➢ Welche Hilfe brauchst Du von außerhalb?
- ➢ Welche anderen Ressourcen brauchst Du für das Projekt?

Teammitglieder

- ➢ Wer ist im Planungsteam?
- ➢ Wer ist im Umsetzungsteam?
- ➢ Wer sind die Teamleiter?
- ➢ 1. Training
- ➢ 2. Training

<u>**Umsetzung**</u>

Sort

> Zonen

> Einrichtung der Quarantäne Zone

> Termin für Umsetzung erste Zone

> Termin für Umsetzung zweite Zone

Shine

> Putzmittel

> Notizblöcke oder -zettel

> Ideenwand für alles was auffällt

Set in Order

> Formulare für Schilder, die gebraucht werden

> Schilder gestalten

> Schilder anfertigen

> Meeting und Erfahrungsaustausch mit allen Beteiligten

Erarbeiten von Standards

- ➤ Meeting für Zone 1

- ➤ Meeting für Zone 2

- ➤ Umsetzung der Standards (Beschilderungen, Trainings)

Sustain

- ➤ Audit-Team einrichten

- ➤ Festlegungen der Auditrichtlinien

- ➤ Audit-Termine

- ➤ 5S-Tag zur gemeinsamen Evaluierung

Feedback

- ➤ Was ist gut gelaufen?
- ➤ Was muss verbessert werden?

Wenn Du noch weitere Praxistipps für das 5S-Büro haben willst, kannst Du Dir das englischsprachige Handbuch der Australischen Regierung zur Einführung von 5S in Büros herunterladen.[25] Es gibt klare Anweisungen und eine Übersicht, geht aber auch noch auf ein Thema besonders ein: Die Kenntnisse und Fähigkeiten, die man mitbringen muss, um 5S einzuführen. Zu diesen gehören:

Kommunikationsfähigkeit

- ➢ In der Lage sein, anderen den Umfang des 5S-Projekts erklären zu können, Ergebnisse zu diskutieren und Vorschläge für Verbesserungen zu erarbeiten.

- ➢ Alltags-Situationen visualisieren zu können, zum Beispiel mit Flow-Charts und Auswirkungen auf Kunden darstellen zu können.

- ➢ Einige Aufgabenlisten für 5S erstellen zu können.

- ➢ 5S im eigenen Arbeitsbereich den Anforderungen entsprechend umsetzen zu können.

- ➢ Verschwendung identifizieren zu können.

- ➢ Eigenen Arbeitsbereich kritisch zu untersuchen.

---

[25] Australian Government: MSS402041A - Apply 5S in an office
(Handbuch zur Einführung von 5S in Büros)
URL: https://training.gov.au/Training/Details/MSS402041A#
[Stand: 29-03-2019]

> ➢ Prioritäten in der Umsetzung festlegen zu kön-
> nen.

> ➢ Die entsprechenden Projektunterlagen zu lesen
> und zu verstehen.

> ➢ Aktionen zu dokumentieren und die Ergebnisse
> mit anderen zu teilen.

> ➢ Mit anderen im Team zusammenarbeiten zu
> können.

> ➢ Probleme lösen zu können.

<u>Wissen</u>

> ➢ Regeln für den Betrieb und den eigenen Arbeits-
> platz kennen.

> ➢ Den Arbeitsablauf kennen.

> ➢ 5S-Konzepte zu verstehen und umsetzen zu kön-
> nen.

Eine weitere gute Anleitung ist das PDF-Handbuch "Create a Visual Workplace - 5S Plus Guide",[26] das gratis herun-

---

[26] BRADY (2015): Create a Visual Workplace 5S Guide. URL:
https://www.bradyid.com/forms/downloads/create-a-visual-
workplace-5s-plus-guide [Stand: 25-03-2019]

terladen werden kann und viele Abbildungen enthält, vor allem für Arbeitsplätze in der Produktion. Und schließlich gibt es noch die etwas umfangreichere Schritt-für-Schritt-Einführung von der malaysischen National Productivity Association, das du ebenfalls gratis im PDF Format herunterladen kannst.[27]

Ressourcen für 5S

Englischsprachiges Handbuch der Australischen Regierung zur Einführung von 5S in Büros

https://training.gov.au/Training/Details/MSS402041A#

PDF-Handbuch "Create a Visual Workplace 5S Guide"

https://www.bradyid.com/forms/downloads/create-a-visual-workplace-5s-plus-guide

PDF-Handbuch "5S Guidebook – Step-by-Step-Implementation"

http://www.ipbl.edu.my/intra/sistem/5s/5s.pdf

---

[27] National Productivity Corporation (2005): 5S Guidebook – Step-by-Step-Implementation. URL:
http://www.ipbl.edu.my/intra/sistem/5s/5s.pdf [Stand: 21-03-20]

Rechtliches und Impressum

Das Werk einschließlich aller Inhalte ist urheberrechtlich geschützt. Der Nachdruck oder Reproduktion, gesamt oder auszugsweise, sowie die Einspeicherung, Verarbeitung, Vervielfältigung und Verbreitung mit Hilfe elektronischer Systeme, gesamt oder auszugsweise, ist ohne schriftliche Genehmigung des Autors untersagt. Alle Übersetzungsrechte vorbehalten.

Die Inhalte dieses Buches wurden anhand von anerkannten Quellen recherchiert und mit hoher Sorgfalt geprüft. Der Autor übernimmt dennoch keinerlei Gewähr für die Aktualität, Richtigkeit und Vollständigkeit der bereitgestellten Informationen.

Haftungsansprüche gegen den Autor, welche sich auf Schäden gesundheitlicher, materieller oder ideeller Art beziehen, die durch Nutzung oder Nichtnutzung der dargebotenen Informationen bzw. durch die Nutzung fehlerhafter und unvollständiger Informationen verursacht wurden, sind grundsätzlich ausgeschlossen, sofern seitens des Autors kein nachweislich vorsätzliches oder grob fahrlässiges Verschulden vorliegt. Dieses Buch ist kein Ersatz für medizinische oder professionelle Beratung und Betreuung.

Dieses Buch verweist auf Inhalte Dritter. Der Autor erklärt hiermit ausdrücklich, dass zum Zeitpunkt der Linksetzung keine illegalen Inhalte auf den zu verlinkenden Seiten erkennbar waren. Auf die verlinkten Inhalte hat der Autor keinen Einfluss. Deshalb distanziert der Autor sich hiermit ausdrücklich von allen Inhalten aller verlinkten Seiten, die nach der Linksetzung verändert wurden. Für illegale, fehlerhafte oder unvollständige Inhalte und insbesondere für Schäden, die aus der Nutzung oder Nichtnutzung solcherart dargebotener Informationen entstehen, haftet allein der Anbieter der Seite, auf welche verwiesen wurde, nicht aber der Autor dieses Buches.

ISBN: 978-3-98935-519-4

Lucid Page Media (ein Imprint der Orbita Media GmbH)

Ericusspitze 4

20457 Hamburg

Deutschland

kontakt@lucidpagemedia.de

Coverfoto: My Portfolio/shutterstock.com

Formatierung: Maximilian Tündermann

Quellenverzeichnis

Agrahari, R. S.; Dangle, P. A.; Chandratre, K. V. (2015): Implementation of 5S Methodology In The Small Scale Industry: A Case Study, in: INTERNATIONAL JOURNAL OF SCIENTIFIC & TECHNOLOGY RESEARCH VOLUME 4, ISSUE 04, APRIL 2015

Aster Interim: The Implementation of 5S. URL: http://www.aster-interim.co.uk/case-studies/implementation-of-5s/ [Stand: 03-02-2019]

Australian Government: MSS402041A - Apply 5S in an office
URL: https://training.gov.au/Training/Details/MSS402041A#
[Stand: 29-03-2019]

Bavare, A. C.; Shah, P. K.; Roy, K. M.; Williams, E. A.; Lloyd, L. E.; McPherson, M. L. (2015): Implentation of a Standard Verbal Sign-Out Template Improves Sign-Out Process in a Pediatric Intensive Care Unit, in: The Journal for Healthcare Quality (JHQ), Volume 37, Issue 5, September/October 2015

BRADY (2015): Create a Visual Workplace: 5S Plus Guide - BEST PRACTICES FOR A LEANER AND SAFER WORKPLACE

Boquien, R.: HOW THE INTEGRATION OF 5S IMPROVED PRODUCTION ORGANIZATION AT WATERTAX. URL:
https://www.flexpipeinc.com/us_en/case_study/5s-improved-production-organization-waterax/ [Stand: 15-02-2019]

CB Insights (2019): AI Trends to watch in 2019. URL:
https://www.cbinsights.com/research/ai-trends-2019/ [Stand: 03-03-2019]

Dalto, J. (2015): 5S + SAFETY = LEAN 6S SAFETY. URL:
https://www.convergencetraining.com/blog/5s-plus-safety-6s-safety [Stand: 24-01-2019]

ifaa (2018): Förderung der Nachhaltigkeit von 5S-Maßnahmen mit der „360°-Analyse" des ifaa, IFAA Newsletter, April 2018

Monteiro, M. F. J. R.; Pacheco, C. C. L.; Dinis-Carvalho, J.; Paiva, F. C. (2015): Implementing Lean Office - A Successful Case in Public Sector

National Productivity Corporation (2005): 5S Guidebook – Step-by-Step-Implementation. URL: http://www.ipbl.edu.my/intra/sistem/5s/5s.pdf [Stand: 21-03-20]

Nik Abd Rahman, N. Z. (2005): 5S Guidebook - Step by Step Implementation, National Productivity Corporation, Malaysia

Pirttijoki, V. P. (2013): Introduction and implementation of the 5S-operationmodel for ST-Koneistus Ltd

Riege, R. (2012): Ablaufoptimierung der Fertigung modifizierter Gasfedern bis hin zum Kommissionieren der Dämpfer

Smith, J. (2012): Vortrag bei TEDx über das Benutzen von Papierhandtüchern. URL: https://www.ted.com/talks/joe_smith_how_to_use_a_paper_towel [Stand: 13-02-2019]

Ungern-Sternberg, R. (2014): Die Domestic Lean Goddess zeigt in 5 Schritten wie Sie Ihre Küche auf Vordermann bringen. URL: https://disziplean.de/5s-video-lean-goddess/ [Stand: 24-02-2019]

Walter Optimierung (2017): Gemba Walk. URL: https://www.walter-optimierung.de/wissen/gemba-walk/ [Stand: 23-01-2019]

Wastradowski, M.: What Is the 5S System? URL: https://www.graphicproducts.com/articles/what-is-5s/ [Stand: 02-03-2019]